该书受2013年国家自然科学基金面上项目"自我监控
影响：社会网络的视角"资助

该书受2021年度中央高校基本科研业务费项目资助，项目编号JBK2104012

组织外社会网络
与销售人员绩效研究

ZUZHI WAI SHEHUI WANGLUO
YU XIAOSHOU RENYUAN JIXIAO YANJIU

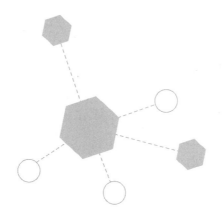

车 瑜／著

西南财经大学出版社

中国·成都

图书在版编目(CIP)数据

组织外社会网络与销售人员绩效研究/车瑜著 . —成都:西南财经大学
出版社,2021. 12
ISBN 978-7-5504-5125-4

Ⅰ.①组…　Ⅱ.①车…　Ⅲ.①保险公司—经济绩效—研究
Ⅳ.①F840.332

中国版本图书馆 CIP 数据核字(2021)第 215350 号

组织外社会网络与销售人员绩效研究
车　瑜　著

策划编辑:周晓琬
责任编辑:周晓琬
责任校对:肖　翀
封面设计:墨创文化
责任印制:朱曼丽

出版发行	西南财经大学出版社(四川省成都市光华村街55号)
网　　址	http://cbs. swufe. edu. cn
电子邮件	bookcj@ swufe. edu. cn
邮政编码	610074
电　　话	028-87353785
照　　排	四川胜翔数码印务设计有限公司
印　　刷	四川新财印务有限公司
成品尺寸	170mm×240mm
印　　张	11. 25
字　　数	236 千字
版　　次	2021 年 12 月第 1 版
印　　次	2021 年 12 月第 1 次印刷
书　　号	ISBN 978-7-5504-5125-4
定　　价	68. 00 元

前言

　　销售人员绩效的决定因素一直是营销学界和实务界的关注重点，原因在于，销售人员是企业与市场的联系纽带，销售人员绩效与公司生存和发展息息相关。现有销售人员绩效研究主要集中在销售人员个人层面因素（例如，销售人员智能、技巧、动机、销售智慧、适应性销售和勤奋工作）、组织层面因素（例如，企业文化、领导风格、绩效评估和培训）以及环境层面因素（例如，行业竞争、销售领域特征、客户因素和信息通信技术）三个方面。然而，在现实情境中，销售人员之间绩效差异巨大。我们不禁思考，在销售人员个体层面、组织层面和环境层面因素之外，是否存在其他视角能够解释销售人员之间的绩效差异。

　　社会网络正是能够解释销售人员绩效差异的独特视角。社会网络关注行动者之间的关系类型特征和关系结构特征，而不是孤立的个体行动者或个体行动者特质。对绩效研究来说，社会网络视角最为引人注目的一点是，它不仅能够研究个体的绩效表现，还能够从关系特征和结构特征视角，研究组织内外的个体绩效和组织绩效。由此，当代销售绩效研究开始经历巨大的转变：从过去的个体层面研究，到现在的多重层面研究；从过去以孤立个体为中心，到现在以顾客、销售经理、销售人员之间的个体间、部门间、组织间关系为中心。这些转变无一不在彰显着社会网络对销售绩效研究的巨大影响。

销售人员是典型的组织跨界者，销售人员的组织外部网络至关重要。作为公司员工，销售人员需要得到部门和组织给予的内部支持，才能发挥自己的优势和潜力。然而，在组织活动中，销售人员的主要任务是跨越所属部门或所属组织的边界，与市场和潜在顾客进行信息沟通和信息交流。销售人员的外部社会网络在影响销售人员绩效方面发挥着重要作用。然而，大多数社会网络与销售绩效研究对销售人员组织外部网络的关注还不够。因此，本研究将销售人员的组织外社会网络定义为以销售人员为中心，由客户、家庭成员、亲戚、同乡、同学、朋友等跨越组织边界的外部人员组成的自我中心工作网，并在此基础上，探讨销售人员组织外部社会网络对其绩效的影响。

此外，受到社会网络高维护性、高不确定性、集体物品属性和双边性特征的影响，社会网络这种结构型社会资本的流动性更低、粘性更大、转换率更低。在社会网络与个体/组织绩效的转化过程中，社会网络也更容易受到行动者内部因素和外部环境因素的限制与制约。这些因素成为社会网络与销售绩效之间的内在或外在"张力"，影响着社会网络与个体/组织绩效之间的转化率和利用率。具体来说，学者们对"张力"问题的探讨大致划分为三种观点：资源观、能力观和整合观。资源观以资源依赖理论为基础，认为社会网络之中嵌入的网络资源是转化的关键因素；能力观以组织学习理论为基础，强调组织的学习能力和吸收能力；整合观是对资源观和能力观的概括和整合，以社会资源理论和社会认知个人图式理论为

2

基础，强调客观资源和主观能力、动机和机会相辅相成、不可或缺。由此，本研究借鉴以整合观为基础的资源优势概念，将其定义为销售人员运用个体主观能力、动机和机会，从其社会网络中获取的、能够帮助自己实现既定销售目标的资源总和，包括信息、影响和友谊三个维度，并讨论三种资源优势在社会网络与销售人员绩效关系中的多重中介作用。

因此，本研究尝试回答以下两个问题：①销售人员的组织外社会网络是否影响其销售绩效？②如果该影响存在，信息优势、影响优势和友谊优势是否在其中发挥多重中介作用？本研究采用定性和定量相结合的研究方法，根据来自中国西南地区保险公司194份保险销售人员的有效问卷，运用SPSS20.0、SmartPLS2.0和SPSS Macro软件，进行模型检验和假设验证。

经实证检验，本研究得到以下结论：①网络规模对行为绩效和结果绩效的直接正向影响不显著。②连带强度对行为绩效和结果绩效的直接正向影响显著。③中介中心性对行为绩效和结果绩效的直接正向影响不显著。④信息优势在网络规模与行为绩效、网络规模与结果绩效关系中的中介作用不显著。⑤包含信息、影响和友谊三个维度的资源优势不仅作为整体概念，也作为单独概念在连带强度和行为绩效之间发挥多重中介作用。然而，虽然包含信息、影响和友谊三个维度的资源优势作为整体概念，在连带强度对结果绩效的影响中发挥中介作用，但间接分析却显示，只有影响优势在其中发挥中介作用，而信息优势和友谊优势的中介作用不显著。

3

⑥信息优势和影响优势在中介中心性对行为绩效和结果绩效中的中介作用不显著。⑦与网络规模和中介中心性相比，连带强度对销售人员绩效的预测作用更强。与信息优势和友谊优势相比，影响优势的中介作用更为突出。

本研究的研究贡献主要体现在以下三个方面：

首先，本研究从社会网络视角入手，分析销售人员的社会网络关系特征和结构特征对销售绩效的影响。研究发现，连带强度对行为绩效和结果绩效的直接正向影响显著，而网络规模和中介中心性对行为绩效和结果绩效的直接正向影响不显著。连带强度的影响显著与强连带在"关系"文化中的重要性相关，而网络规模和中介中心性影响不显著与弱关系在"关系"文化中的次要性、销售工作的低复杂性，以及销售人员管理网络的能力边际递减等因素相关。

其次，本研究从社会资源理论和社会认知个人图式理论出发，引入资源优势概念，验证了社会网络特征对销售绩效的多重中介机制。资源优势是指销售人员运用个体主观能力、动机和机会，从其社会网络中获取的、能够帮助自己实现既定销售目标的信息、影响和友谊优势的总和。资源优势在连带强度和行为绩效之间发挥多重中介作用。然而，间接作用分析表明，在连带强度对结果绩效的影响中，只有影响优势在其中发挥中介作用，信息优势和友谊优势的中介作用不显著。信息优势和友谊优势中介作用不显著与"关系"文化过于深远导致的不完全竞争和绩效转化的时间差有关。

最后，与西方情境中的实证研究结论不同的是，本研究发现，在中国所处的"关系"文化情境中，强连带的作用得到强化，弱连带和中介中心性的影响被削弱；同时，影响优势的中介作用更为突出，信息优势和友谊优势的作用被削弱。强连带和影响优势的突出作用与"关系"文化密不可分。"关系"文化强化和巩固关系的远近和亲疏，强调"亲情"和"人情"交往法则。因此，关系长久、互动频率、亲密程度和互惠程度高的强连带能够带来更丰富的资源优势。然而，有时"关系"的负面影响开始显现，"关系"的不完全竞争可能会导致信息优势和友谊优势的作用被削弱，从而使影响优势的中介作用更为突出。

受学术水平、时间、精力和不可控因素的影响，本研究存在以下研究局限：第一，网络特征选择问题。受到模型复杂性和统计方法限制，本研究只选择了网络规模和连带强度（关系类型特征），以及中介中心性（结构类型特征）三个自我中心网分析中最为重要的网络特征。第二，销售绩效是主观评价，缺乏客观数据。虽然研究者与被调查公司积极联系，仍然没有取得销售人员的客观、动态的销售绩效数据。第三，本研究结论的文化特殊性。本研究是在我国"关系"文化情境下进行的调查研究，研究结论的外部效度还需要进一步拓展。

对未来研究方向，本研究提出如下建议：第一，未来研究可以关注其他关系类型特征和结构类型特征，如关系不对称性、小集团等对销售人员绩效的影响，以及信息优势、影响优势和友谊优势在其中的多重中介作用。第二，未来研究可以尽量取得客观、动态的销售数据，得出更为可靠的研究结果。第三，未来研究可以重视文化情境的作用，在各种不同文化情境中展开组织外社会网络对销售人员绩效影响的跨文化研究，提高研究结论的普适性。

车瑜

2021 年 4 月

目录

1 绪论 1

1.1 研究背景和意义 1

1.1.1 研究背景 1

1.1.2 研究意义 5

1.2 研究内容和方法 6

1.2.1 研究内容 6

1.2.2 研究方法 8

2 文献综述 9

2.1 社会网络理论 9

2.1.1 社会网络起源 9

2.1.2 社会网络定义 10

2.1.3 社会网络的分类与维度 11

2.1.4 社会网络研究综述 12

2.2 销售人员绩效研究 17

2.2.1 销售人员绩效的含义、分类和衡量指标 17

2.2.2 销售人员绩效研究综述 19

2.3 社会网络与销售人员绩效研究综述 21

2.3.1 社会网络对绩效的影响研究 21

　　　2.3.2　社会网络对销售人员绩效的影响研究　　　22

　　　2.3.3　社会网络对绩效的影响机制研究　　　24

　2.4　本章小结　　　39

3　概念模型和关系假设　　　42

　3.1　社会网络与销售人员绩效：外部网络视角　　　42

　3.2　社会网络与销售人员绩效：资源优势的中介作用　　　44

　3.3　概念模型　　　46

　　　3.3.1　社会网络特征的选择　　　47

　　　3.3.2　概念模型的构建　　　50

　3.4　关系假设　　　51

　　　3.4.1　组织外自我中心网与销售人员绩效　　　51

　　　3.4.2　资源优势的中介作用　　　54

　3.5　本章小结　　　61

4　研究方法设计　　　63

　4.1　测量量表　　　63

　　　4.1.1　网络规模　　　63

　　　4.1.2　连带强度　　　64

　　　4.1.3　中介中心性　　　66

　　　4.1.4　资源优势　　　69

　　　4.1.5　销售绩效　　　70

　　　4.1.6　控制变量　　　72

4.2　研究样本　　　　　　　　　　　　　73

　　4.2.1　样本来源　　　　　　　　　　73

　　4.2.2　问卷调查设计　　　　　　　　75

4.3　数据分析设计　　　　　　　　　　82

　　4.3.1　统计方式选择　　　　　　　　82

　　4.3.2　数据分析步骤　　　　　　　　84

5　数据分析与结果　　　　　　　　　86

5.1　数据筛查　　　　　　　　　　　　86

5.2　描述性统计分析　　　　　　　　　86

5.3　数据分布特征　　　　　　　　　　88

5.4　测量模型分析　　　　　　　　　　89

　　5.4.1　测量模型指标和评价标准　　　89

　　5.4.2　测量模型结果　　　　　　　　91

5.5　共同方法偏差检验　　　　　　　　93

　　5.5.1　不直接测量的单一潜变量法　　95

　　5.5.2　Harman 单因素检验　　　　　97

5.6　结构模型分析　　　　　　　　　　97

　　5.6.1　结构模型指标和评价标准　　　97

　　5.6.2　结构模型结果　　　　　　　　98

5.7　简单中介和多重中介检验　　　　　101

　　5.7.1　引导方法中介检验指标和评价标准　101

　　5.7.2　简单中介路径检验　　　　　　102

    5.7.3   多重中介模型检验   104

  5.8 本章小结   110

6 研究结论和展望   112

  6.1 研究结论   112

    6.1.1 组织外社会网络对销售人员绩效的影响   112

    6.1.2 资源优势的多重中介作用   117

    6.1.3 "关系"的文化特殊性   121

  6.2 研究贡献   123

  6.3 管理实践意义   125

    6.3.1 销售人员自我中心网构建策略   125

    6.3.2 销售管理建议   127

  6.4 研究局限和未来研究方向   129

参考文献   131

附录   151

  附录一：研究问卷   151

  附录二：量表各变量分布统计表   157

  附录三：控制变量结构模型结果   159

  附录四：简单中介和多重中介模型结果（包含引导方法95%

           置信区间和偏差矫正95%置信区间数据）   160

后记   165

1 绪论

石墨和钻石都由碳元素组成。两者不同之处在于碳元素的连接方式。石墨中的碳元素没有结合在一起，石墨因而质软色黑；钻石中的碳元素之间相互连接，这样的连接方式赋予钻石坚硬闪亮的特性。石墨和钻石的差异说明，物质的特性取决于碳元素之间、碳元素与其他元素之间的连接方式。同理，人群的连接方式也影响着个体和社会团体的属性。正是这样的特性，使得整个团体大于个体总和。因此，我们对社会的理解取决于我们周围远的、近的、各种真实结构的纽带。我们让这种纽带以特定方式出现，使得我们可以从中获利。而我们每一个人，都是这个网络中的一分子。

——Nicholas Christakis

《连接：社会网络的神奇力量以及他们是如何塑造我们的生活》

本章共分为 2 节。第 1 节阐述本研究的研究背景，揭示本研究的实践意义和理论意义；第 2 节介绍本研究的研究内容和研究方法。

1.1 研究背景和意义

1.1.1 研究背景

销售人员是企业与市场的联系纽带，其绩效高低直接影响公司的生存与发展（Mackenzie et al.；Levy et al., 2003）。公司成功与销售人员绩效息息相关，因为对顾客而言，销售人员代表公司（Crosby et al., 1990），销售人员行为直接影响顾客行为（Williams et al., 1996）。因此，销售人员绩效研究在营销学术界和实务界长期以来都是重要的研究议题（Pilling et al., 1999）。

现有销售人员绩效研究主要集中在销售人员个人层面因素（例如，销售人员智能、技巧、动机、销售智慧、适应性销售和勤奋工作）、组织层面因素（例如，企业文化、领导风格、绩效评估和培训），以及环境层面因素（例如，行业竞争、销售领域特征、客户因素和信息通信技术）三个方面。（李晶晶 等，2007）然而，在现实情境中，销售人员之间绩效差异巨大。因此，在销售人员的招聘和培训中，销售人员的个人特质，包括智能、技巧、动机、个人因素、销售智慧、适应性销售和勤奋工作等个体层面因素被认为是预测销售人员绩效的主要变量。虽然个体层面因素是影响销售人员绩效的重要原因，也是销售人员招聘和培训时最为重要的考察变量，但现实情境中，销售人员之间绩效差异仍然巨大。

因此，我们不禁思考，在现有的个体层面、组织层面和环境层面因素之外，是否存在其他视角，能够解释、预测销售人员之间，特别是本研究中保险行业销售人员之间巨大的绩效差异？

社会网络正是能够解释销售人员绩效差异的独特视角。正如美国社会科学家 Nicholas Christakis 在《连接：社会网络的神奇力量以及他们是如何塑造我们的生活》一书中所提到的：碳元素能够沉静如石墨，或者闪亮如钻石的根本原因在于，碳元素之间，或者碳元素与其他元素之间连接方式的差异。同样，"人群的连接方式也影响着个体和社会团体的属性"。正是这样的特性，使得个体潜能得以跨越极限，整个团体大于个体总和。在销售实务之中，销售人员、销售经理、客户和顾客都是"这个网络中的一分子"。如何"让这种纽带以特定方式出现"，让销售人员、销售经理、客户和顾客之间的关系进行排列组合，使他们能够"从中获利"，使"个体潜能得以跨越极限，整个团体大于个体总和"，成为销售绩效研究者们思考研究的重要问题。

在社会网络思想启发下，当代销售绩效研究开始经历巨大的转变。社会网络和社会网络分析法关注的不是个体行动者本身的特质，也不是单一、孤立的行动者，而是个体行动者之间的联系，以及这种联系的结构性特征。因此，销售研究开始从过去的个体层面研究，扩展到多重层面研究（Flaherty et al.，2012）；从过去以孤立个体为中心的研究，扩展到以顾客、销售经理、销售人员间关系，或者个体间、部门间、组织间关系为中心的研究（Lam et al.，2010）。这些转变无一不在彰显着社会网络对销售绩效研究的巨大影响。社会网络为销售人员绩效研究提供了独特的研究视角和分析路径。

近年来，社会网络视角下的销售绩效研究取得了一定进展。在如何将顾客、销售人员、销售经理，以及他们之间的联系以特定方式排列组合，进一步提高个体/组织销售绩效问题的引导下，部分研究者提出了崭新的思想，提供了严谨的验证结果。然而，到目前为止，社会网络视角下的销售绩效研究仍然存在许多未解之惑：

第一，组织外社会网络视角下的销售人员绩效影响研究匮乏。大多数基于社会网络视角的对销售绩效的影响研究，重在探究销售人员的部门内或组织内网络对其销售绩效的影响，忽视了组织外社会网络能够发挥的作用。例如，在销售经理管理绩效研究方面，Flaherty 等（2012）的述评文章强调，团队内部网络能够显著影响销售经理的管理绩效。销售经理应该成为销售团队的"网络工程师"，重视、协调、管理团队的内部网络。在针对销售经理的组织内部网络对其销售绩效的影响研究中，Claro 等（2011）就发现，销售经理的咨询网络对其销售绩效具有显著的正面促进作用。同时，销售经理的情感网络在咨询网络对销售绩效的影响机制中发挥重要的调节作用。在销售人员销售绩效研究方面，Steward 等（2010）发现，销售人员拥有的社会网络能够促使销售人员更好地调动组织内部其他行动者，从而提高个体销售绩效。Üstüner 和 Iacobucci（2012）也发现，销售人员的组织内部网络能够帮助销售人员利用组织内部的资源，从而显著正向影响其销售绩效。Flaherty 等（2012）、Claro 等（2011）、Steward 等（2010）及 Üstüner 和 Iacobucci（2012）都认为，社会网络显著影响销售绩效。然而，他们重在关注销售人员或销售经理团队内、组织内的关系连带和网络结构对其销售绩效的影响。的确，作为公司员工，销售人员需要得到组织内部支持，才能发挥个体优势和潜力，完成销售任务、达成销售目标。然而，销售人员一直被认为是组织跨界者（boundary spanner）（Rangarajana et al.，2004）。作为典型的组织跨界者，销售人员的组织外社会网络在解释销售人员绩效方面潜力巨大。截至目前，销售人员组织外社会网络对销售人员绩效的影响研究较为缺乏。因此，组织外社会网络对销售人员绩效的影响成为本研究关注的研究重点。

第二，社会网络对绩效的影响机制研究匮乏。大多数社会网络对个体/组织绩效影响的研究都认为，社会网络直接带来绩效的提升。然而，社会网络是否等同于绩效？虽然社会网络这种结构型社会资本和其他经济资本，例如金融资本、实物资本一样，是可以投资并为投资者带来回报的一种资源。但是，社会网络需要持续的投入和维护，才能发挥对绩效的促进作用。社会网络是一种"集体物品"，会遭遇"搭便车""公地的悲剧"一样的命运。如果每位行动者都滥用社会资本，社会网络的促进作用将不复存在。社会网络是建立在双边关系基础上的，有赖于双方共同投入。然而，社会网络却容易遭到单方不道德行为的破坏。社会网络的促进作用很容易因为单方破坏而丧失殆尽。因此，受到社会网络高维护性、高不确定性、集体物品属性和双边性特征的影响，这种结构型社会资本的流动性更低、粘性更大、转换率更低（Alder et al.，2002）。在社会网络与个体组织绩效的转化过程中，社会网络也更容易受到行动者内部因素和外部环境因素的限制与制约。这些因素成为社会网络与销售绩效之间的内在或外在"张力"（Obstfeldt，2005），影响着社会网络与个体/组织绩效之间的转化率和利用率。部分学者开始探讨，在社会网络对个体/组织绩效的影响中，是什么变量在其中发挥重要作用，将这种人际关系网络转化为个体/组织绩效。学者们对"张力"问题的探讨大致划分为三种观点：资源观、能力观和整合观。资源观以资源依赖理论为基础，认为社会网络之中嵌入的网络资源是转化的关键因素；能力观以组织学习理论为基础，强调组织的学习能力和吸收能力；整合观是对资源观和能力观的概括和整合，以社会资源理论和社会认知个人图式理论为基础，强调客观资源和主观能力、动机和机会相辅相成，不可或缺。由此，Adler 和 Kwon（2002）提出了资源优势概念，并将之划分为信息优势、影响优势、友谊优势三个具体维度。然而，信息优势、影响优势和友谊优势三种资源优势的多重中介作用还没有得到实证研究的证实。

1.1.2　研究意义

在研究背景的指引下，本研究尝试解决以下两个研究问题：

①销售人员的组织外社会网络是否影响他们的销售绩效？

②如果该影响存在，信息优势、影响优势和友谊优势是否在其中发挥多重中介作用？

解决以上两个研究问题能够使本研究具有特殊的理论意义：

其一，本研究尝试验证销售人员组织外社会网对其绩效的影响，填补组织外社会网络对销售人员绩效的实证研究空白。本研究假设销售人员组织外自我中心网的关系特征和结构特征会正向影响销售人员绩效。对概念模型和理论假设的建立和验证不仅从理论上，也从实证上深化社会网络对销售绩效的影响机制研究。

其二，本研究强调资源优势的多重中介作用，揭示社会网络和销售绩效之间的多重影响因素。对资源优势多重中介作用概念模型和理论假设的建立和验证，能够为 Adler 和 Kwon（2002）提出的信息优势、友谊优势和影响优势的多重中介作用提供实证检验和支持。

解决以上两个研究问题还能够使本研究具有特殊的实践意义：

第一，本研究尝试验证销售人员组织外自我中心网对其绩效的影响机制，为销售人员绩效提升指出可行的发展路径，也为销售人员自我中心网的建立和关系组合提供具有指导性的构建策略。

第二，本研究的研究结论可以为销售管理、招聘和培训提供对策和建议。本研究中组织外自我中心网的研究结论能够成为诊断、分析、预测销售人员销售潜力和销售绩效的分析工具。这样的网络分析工具能够使销售人员更加适应保险销售工作、提高销售绩效、保持旺盛的战斗力；使销售经理了解销售管理技巧、提高销售管理效率；使人力资源经理强化销售培训、降低销售人员流动率。

1.2　研究内容和方法

1.2.1　研究内容

本研究包括六个章节。研究思路见图 1.1，各章主要内容和概念模型如下：

①绪论。本章从研究背景出发，提出研究问题。从理论价值和实践价值两个角度阐释研究意义。从研究内容、研究方法两个方面明示研究方案和写作方案。

②文献综述。本章全面、系统地对社会网络理论、销售人员绩效理论、社会网络对销售绩效的影响机制研究进行文献综述和文献述评，梳理研究脉络，明确研究方向。

③概念模型和关系假设。本章在文献综述和文献述评基础上，界定主要变量，进行逻辑推演，形成销售人员组织外自我中心网对销售人员绩效影响的概念模型和关系假设。本章根据销售人员组织外自我中心网、资源优势和销售绩效三个主要变量，建立起九组共十八条假设。其中，三组假设阐述网络规模、连带强度、中介中心性三个网络特征对销售人员绩效的

直接效应；六组假设阐述信息优势、影响优势和友谊优势的多重中介作用。中介作用假设中包括两条简单中介路径和四个多重中介模型。

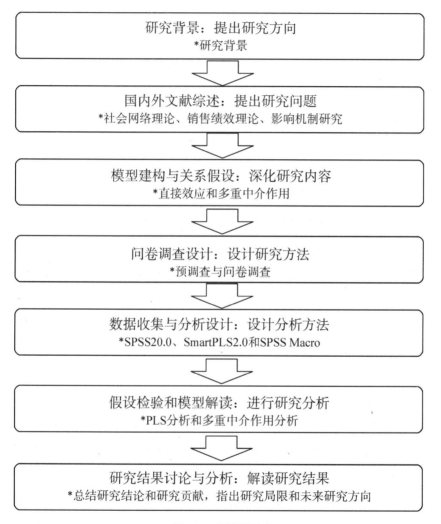

研究背景：提出研究方向
*研究背景

国内外文献综述：提出研究问题
*社会网络理论、销售绩效理论、影响机制研究

模型建构与关系假设：深化研究内容
*直接效应和多重中介作用

问卷调查设计：设计研究方法
*预调查与问卷调查

数据收集与分析设计：设计分析方法
*SPSS20.0、SmartPLS2.0和SPSS Macro

假设检验和模型解读：进行研究分析
*PLS分析和多重中介作用分析

研究结果讨论与分析：解读研究结果
*总结研究结论和研究贡献，指出研究局限和未来研究方向

图 1.1 研究思路

④研究方法设计。本章根据概念模型和关系假设，给出了概念模型和关系假设中各个构念的测量量表，描述了实证研究的抽样设计、问卷调查设计和数据分析设计。

⑤数据分析与结果。本章根据收集的数据，运用 SPSS20.0、Smart-

PLS2.0 和 SPSS Macro 软件，进行模型检验和假设验证，并报告数据筛查结果、样本描述性统计结果、数据分布特征、测量模型分析结果、结构模型分析结果、共同方法偏差检验结果以及简单中介路径和多重中介模型分析结果。

⑥研究结论和展望。本章根据假设检验结果，总结研究结论和研究贡献，并指出研究局限，明确未来研究方向。

1.2.2 研究方法

本研究采用以下研究方法，科学地验证概念模型和关系假设。

第一，本研究采用定性研究和定量研究相结合的研究方法。在定性研究中，本研究针对社会网络、资源优势、销售人员绩效进行文献综述和理论思辨，确定研究现象的本质。在定量研究中，本研究对销售人员组织外社会网络、资源优势和销售绩效进行"量"的分析和考察，通过实证研究检验关系假设。

第二，本研究采用问卷调查法收集相关数据。本研究采用自我报告法（self-report），直接、系统地从总体样本中收集数据资料，并通过科学统计分析，科学地认识研究现象及规律。

第三，本研究采用 SPSS20.0、SmartPLS2.0 和 SPSS Macro 统计软件进行数据分析。本研究分别采用 SPSS20.0 和 SmartPLS2.0 统计软件分析进行数据筛查、数据分布特征检验、测量模型分析、共同方法偏差检验和结构模型分析；使用 SPSS Macro 验证中介作用假设。

第四，理论研究与对策研究相结合。本研究在文献综述和文献述评基础上，系统论述销售人员自我中心网三个网络特征对销售人员绩效的影响机制，并根据实证检验结果，为销售人员绩效提升、销售管理、招聘和培训提供对策和建议。

2 文献综述

本章共分为 4 节。第 1 节介绍社会网络理论；第 2 节介绍销售人员绩效的含义、分类、衡量指标和研究现状；第 3 节归纳整理社会网络对绩效和销售人员绩效的影响研究和影响机制研究；第 4 节在总结社会网络、销售绩效的理论和实证研究现状的基础上，提出本研究的研究问题和研究思路。

2.1 社会网络理论

2.1.1 社会网络起源

作为现代社会中的定义性范式（奇达夫 等，2003），社会网络理论和社会网络分析法经历了产生、发展、成熟的漫长历程，形成了完整的理论架构。

20 世纪 30 年代起，社会学中的网络思想受到了物理学的场理论（field theory）和数学的图式理论（graph theory）的影响。场理论和图式理论的研究思想和研究方法开始被运用到社会互动研究之中（奇达夫 等，2003）。这种兼容并蓄的研究方法运用社会网络图（sociogram）描绘个体自由选择的社会互动结构。这种分析方法测量社会系统中的行动者（"节点"），以及行动者之间的关系（"连接"），再将其用网络形式表示出来，并分析这种"节点"和"连接"的模式与特征。利用社会网络图的"霍桑实验"便是社会网络分析法的典型代表。

20 世纪 80 年代以来，各派社会学家开始力图整合社会学理论，以打破社会学研究中传统的宏观与微观、主观与客观、个体与集体的二元解析模式。由此，将微观与宏观、主观与客观、个体与集体紧密联系在一起，能够对个人或组织的行为态度做出结构性解释的社会网络研究脱颖而出（罗家德，2010）。

2.1.2　社会网络定义

Mitchell（1969）认为，社会网络是"一群特定个人之间的一组独特联系"。社会网络的"整体结构可以解释群体中个人的社会行为"。在组织研究中，Tichy 等（1979）提出系统性的网络观点，将社会中的组织视为"由不同关系连接在一起的物体（例如人、团体、组织）而构成的系统"。

从理论核心上来说，社会网络是指行动者之间所有正式和非正式关系的集合。社会网络图是由多个节点（"行动者"）和各节点之间的连线（行动者之间的关系）组成的关系集合。而社会网络分析法是指运用图式理论这种数学分析方法，深入了解网络中节点与节点之间关系特征的分析方式（Wasserman et al., 1994）。行动者之间的关系系统是现代社会网络分析的"核心思想"（李永强 等，2013）。

奇达夫、蔡文彬（2003）认为，社会网络理论和社会网络分析法具有传统社会科学研究方法所不具备的特征和优势。例如，网络研究聚焦关系和关系模式，而非行动者属性。网络研究可以进行多层次分析，从而在微观和宏观之间建立联系。同时，网络研究可以将定量资料、定性资料和图表数据整合起来。因此，社会网络能够解释网络成员的行为、态度和感知（Burt, 1992; Mitchell, 1969; Wasserman et al., 1994）。社会网络分析法能够运用不断丰富和发展的运算法则、方案及程序分析网络关系的作用和潜力（奇达夫 等，2003）。

2.1.3　社会网络的分类与维度

（1）社会网络的分类

标准不同，社会网络的分类也有所差异。

从网络性质上划分，Krackhardt（1992）将企业内部网络分为三种类型：

①咨询网络（advice network）。咨询网络是与日常例行性工作或知识传播有关的网络。咨询网络中心性高的人往往是工作、技能或知识的权威，在工作方面有更多的主动权。

②情感网络（friendship network）。情感网络是涉及亲密关系的网络，是非正式网络的核心部分。居于情感网络中心地位的人对他人具有非正式权力和影响力。

③信息网络（information network）。信息网络是指公司员工之间正式信息和非正式信息的传递和求证网络。

从分析层次上划分，社会网络包括三种类型：

①自我中心网（ego-centric network or ego network）。自我中心网是以特定个体为中心而发展起来的网络（Wasserman et al.，1994）。自我中心网包括自我（Ego），以及与自我相连接的他我（Alters）之间的关系连带。

②整体网（socio-centric network or whole network）。整体网关注组织内部所有行动者和行动者之间的联系所形成的关系网络和关系结构（罗家德，2010）。

③局部网（partial network）。自我中心网加上与自我中心网成员相关联的其他节点构成局部网。局部网中的关系数量少于整体网的关系数量，多于自我中心网的关系数量。关于局部网的边界问题目前仍有争论。

从组织内外关系上划分，社会网络包括三种类型：

①组织内社会网络（intra-organizational network）。组织内社会网络关

注组织内部所有行动者和行动者之间的联系所形成的关系网络和关系结构。

②组织间社会网络（inter-organizational network）。组织间社会网络关注组织之间的联系以及这些联系所形成的关系网络和关系结构。

③组织外社会网络（outer-organizational network）。组织外社会网络关注以组织为中心，与组织外其他个体/组织之间的联系以及这些联系所形成的关系网络和关系结构。

（2）社会网络的维度

社会网络主要包括两个维度：

①关系连带的类型（types of relationships）。关系连带的类型包括一系列描述行动双方关系连带的概念。这些概念包括网络规模（size）、关系强度（tie strength）、关系多样性（multiplicity）和关系不对称性（asymmetry）。

②关系网络的结构（structure of relationships）。关系网络的结构包括一系列描述三个以上行动者之间存在着的和已经消失的关系构型。这些概念包括密度（density）、中心性（centrality）、结构洞（structural holes）和小集团（cliques）。

2.1.4 社会网络研究综述

社会网络理论认为，个体生活依赖于自我与社会关系网络的联系。个人、群体或组织的成败在很大程度上取决于其内部或外部网络的结构模式。因此，社会网络和社会网络分析法能够揭示成员间的互动模式，解释网络成员的行为、态度和感知（Burt，1992；Mitchell，1969；Wasserman et al.，1994）

自人类学家 Barnes 首次使用"社会网络"分析挪威某渔村的社会结构以来，社会网络成了社会学和心理学研究的重要理论和方法（奇达夫等，2003）。此后，社会网络和社会网络分析法广泛应用于社会阶层、社会流动、社会变迁、社会工作、城市社会学、经济社会学、政治社会学、组织社会学、科学社会学、人类生态学、社会生态学和社会整合与分化等领域（张文宏，2006）。社会网络被证明能够降低死亡率和患感冒的概率（奇达夫 等，2003）。

20 世纪 80 年代以来，社会网络理论逐渐从社会学领域扩展到管理学领域。社会网络研究在组织研究中的重要性与日俱增（李永强 等，2013）。2002 年在丹佛召开的管理学会就是以社会网络为主题。很多学者也在主流期刊上发表了大量文章，例如 Brass et al.（2004）、Parkhe et al.（2006）等。很多作者发文讨论网络研究相关主题：①社会网络，例如 Leenders et al.（1999）、Tsai et al.（1998）；②领导和网络，例如 Balkundi et al.（2005）；③个体网络和集体网络，例如 Ibarra et al.（2005）；④网络连带，例如 Knoke（1999）、Nohria et al.（1992）；⑤知识转移网络，例如 Tsai（2001）；⑥企业联盟，例如 Nooteboom（1999）；⑦网络方法，例如 Degenne et al.（1999）、Knoke et al.（1982）、Schensul et al.（1995）、Wasserman et al.（1994）。

时至今日，组织网络研究已经取得了巨大的成功。Brass 等（2004）专门撰文回顾了近年来社会网络和组织管理研究的文章和研究成果，归纳出社会网络的研究焦点（见表 2.1）。

表 2.1　社会网络的组织研究综述

人际网络研究		
前因研究		
研究内容	代表性文章的作者及发表时间	主要观点
行动者相似性研究	Brass（1985）；McPherson 等（1987）；Ibarra（1992，1993b）；Mehr 等（1998）；Feld（1981）；Gibbons 等（2003）	社会网络之中的行动者趋向一致。行动者相似性能够促进交流、增加行为的可预测性、增进信任和互惠
人格研究	Mehra 等（2001）；Klein 等（2004）；Burt 等（1998）；Kalish 等（2006）	人格影响社会网络结构

表2.1（续）

临近性和组织结构	Festinger 等（1950）；Monge 等（1987）；Borgatti 等（2003）	组织结构影响组织中的社会网络结构和变化
环境因素研究	Danowski 等（1985）；Monge 等（1987）；Shah（2000）	兼并、收购、裁员、国家文化等外部环境因素影响社会网络的结构和变化

后果研究		
研究内容	代表性文章的作者及发表时间	主要观点
态度相似性研究	Erickson（1988）；Walker（1985）；Kilduff（1990）；Galaskiewicz 等（1991）；Pastor 等（2002）；Gibbons（2004）	与同一社会网络中的行动者交往增多，态度相似性增强
工作满意研究	Roberts 等（1979）；Brass（1981）；Kilduff 等（1993）；Baldwin 等（1997）；Tottendell 等（2004）	社会网络中行动者的社会交往对工作满意同时存在正向和负向关系
权力研究	Brass（1984）；Burkhardt 等（1990）；Brass 等（1993）；Sparrowe 等（2005）	处于网络中心位置的行动者具有更多的权力
求职研究	Grannovetter（1973，1982，1995）；Bian（1997）；Fernandez 等（2000）	连带强度和数量对求职有着正向促进作用
个体和组织发展研究	Brass（1984，1985）；Burt（1992，1997）；Podolny 等（1997）；Seidel 等（2000）；Seibert 等（2001）	社会网络影响个体绩效和晋升，也影响组织的生存和发展
组织绩效研究	Shaw（1964）；Uzzi（1997）；Hansen（1999）；Tsai（2001）；Reagans 等（2004）；Balkundi 等（2005）	连带数量、连带强度、中心性、多样性等社会网络特征对组织绩效、个体绩效和组织公民行为具有显著的正向促进作用
职业发展	Brass（1984，1985a）；Burt（1992）；Podolny 等（1997）；Kilduff 等（1994）；Boxman 等（1991）	社会网络结构特征对职业发展具有显著正向影响；不同社会网络特征对职业发展的影响不同
离职率研究	Krackhardt 等（1985，1986）；Tsui 等（1989）；Wagner 等（1984）；Rao 等（2000）	员工在社会网络中的位置影响员工离职率

表2.1(续)

领导力研究	Shaw（1964）；Sparrowe 等（1997）；Brass 等（1999）；Mehra 等（2003）	组织内部社会网络特征影响领导效率
不道德行为研究	Baker 等（1993）；Brass 等（1998）；Gargiulo 等（1999）；Raab 等（2003）	组织社会网络特征影响组织内部人员不道德行为产生的概率

组织内部门间网络研究

前因研究

研究内容	代表性文章的作者及发表时间	主要观点
人际性连带研究	Breiger（1974）；Bonacich（1991）；Knoke（2001）；Burt（1992）；Coleman（1990）；Uzzi（1996）	人际连带特征反映组织内部社会网络的关系特征和结构特征
功能性连带研究	Tsai（2000）；Schulz（2001）	组织之间资源互补性会导致连带的产生
组织过程和控制机制研究	Tsai（2002）	组织过程和控制机制影响组织群体之间的连带

后果研究

研究内容	代表性文章的作者及发表时间	主要观点
绩效研究	Mehra 等（2003）；Reagans 等（2001）；Oh 等（2004）；Krackhardt 等（1988）；Labianca 等（2004）；Sparrow 等（2001）	组织内和组织间连带影响组织绩效。正连带对绩效具有正向影响，负连带对绩效具有负向影响
创新和知识传播活动研究	Kilduff（2003）；Tsai（2001）；Tsai 等（1998）；Tsai（2002）；Hansen（1999）	组织中群体间连带影响组织创新和知识传播

组织间网络研究

前因研究

研究内容	代表性文章的作者及发表时间	主要观点
动机研究	Oliver（1990）；Gulati 等（2000）；Alter 等（1993）；Ebers（1997）；Williamson（1991）	组织间合作可以降低不确定性、减少机会主义行为

表2.1(续)

学习研究	Powell 等（1996）；Ahuja（2000）	具有多样性组织间连带的组织中心性更高
规范和监控研究	Os trom（1990）；Coleman（1990）；Kogut（2000）；Ostrom（1998）；Larson（1992）；Coleman（1988）	互惠性规范和监控行为影响社会网络特征，社会网络特征也影响着规范的实施
权益研究	Ostrom（1990）；Ring 等（1992）；DeLaat（1997）；Chung 等（2000）；Gulati 等（1999）；Podolny（1993）	具有相同地位和权利的组织更容易合作
情境研究	Powell（1990）；Saxenian（1994）；Podolny 等（1998）；Marquis（2003）；Gerlach（1992）；Hamilton 等（1988）；Keister（2000）	文化、历史、制度影响组织间社会网络特征
后果研究		
研究内容	代表性文章的作者及发表时间	主要观点
模仿研究	Ahuja（2000）；Chaves（1996）；Galaskiewicz 等（1991）；Galaskiewicz 等（1989）；Greve（1996）；Haunschild 等（1998）；Henisz 等（2001）；Rao 等（2000）	组织间社会网络特征导致组织间行为的相互模仿
创新研究	li-Renko 等（2001）；Soh 等（2004）；Ahuja（2000）	组织间连带影响组织创新
组织生存研究	Stinchcombe（1965）；Hager 等（2004）	网络连带影响组织生存
组织绩效研究	Podolny（1993，1994）；Stuart 等（1999）；Powell 等（1996）；Silverman 等（2002）；Rowley 等（2000）；Watts（1999）	社会网络特征影响组织绩效，但不同社会网络特征对不同性质组织的绩效的影响不同

资料来源：BRASS D J, GALASKIEWICZG J, GREVE H R, et al., 2004. Taking stock of networks and organizations：A multilevel perspective ［J］. Academy of management journal, 47（6）：795-817.

2.2 销售人员绩效研究

2.2.1 销售人员绩效的含义、分类和衡量指标

绩效是一个多维概念。观察的角度不同，绩效维度也有所差异（Bates et al.，1995）。部分学者从结果的角度界定绩效，认为绩效是在特定的时间内，根据特定工作职能或活动所创造的产出或工作结果（Bernadin，1995；Brumbrach，1988）。部分学者从行为的角度界定绩效，认为绩效是与组织目标有关的、对组织目标有贡献的、能够根据个人能力进行评估的行为活动（Churchill et al.，1985；Murphy，1990；Campbell et al.，1993；Schneider et al.，1995）。Churchill 等（1985）进行销售人员绩效决定因素分析时发现，大多数实证文章都采用主观绩效评价和客观数据结果来衡量销售人员绩效。此后，研究者们开始重视销售人员的行为所发挥的作用，认为行为绩效是销售人员绩效研究中不可或缺的重要维度（Park et al.，2003；Fang，Palmatier et al.，2004）。

因此，销售人员绩效是行为绩效和结果绩效的有机统一体。销售人员绩效包括行为绩效和结果绩效两个维度（Churchill et al.，2000；李晶晶等，2007）。但衡量标准不同，销售人员绩效的衡量方式和衡量指标也有所差异（见表2.2）。

根据评价重点，学者们开发了不同的测量指标。例如，Behrman 和 Perreault（1982）提出的销售目标达成、费用控制、顾客发展支持、企业沟通、技术知识使用、顾客工作能力以及企业同事工作能力；Roger 等（2000）提出的保单销售结果、契约成交与整体绩效等测量指标。虽然学者提出的测量指标有所差异，但销售人员的行为和结果都被考虑在内。

根据评价渠道的多样性，销售人员绩效包括自我评估、他人评估和交叉评估等多种衡量方式，具体衡量指标仍然参照行为绩效和结果绩效的指

标内容。

根据评价范围，销售人员绩效包括工作范围内绩效和工作范围外绩效。由此 Katz 和 Kahn（1978）提出销售人员的角色内绩效和角色外绩效，Borman 和 Motowidlo（1997）提出任务绩效和情境绩效。

表 2.2　销售绩效的衡量标准、衡量方式和衡量指标

衡量标准	衡量方式	衡量指标
评价重点	行为绩效和结果绩效	销售目标达成、费用控制、顾客发展支持、企业沟通、技术知识使用、顾客工作能力、企业同事工作能力（Behrman et al.，1982）
		销售产出绩效（销售目标达成绩效）、销售行为绩效（专业知识绩效与销售呈现绩效）与非销售绩效（提供资讯绩效与控制费用绩效）（Cravens et al.，1993）
		目标达成率与销售收入（Boorom et al.，1998）
		保单销售结果，契约成交与整体绩效（Roger et al.，2000）
		目标达成率、专业知识绩效、销售呈现绩效、资讯提供绩效（Ashwin et al.，2001）
		客观绩效（财务销售量）与主观绩效（市占率、获利、销售金额、顾客保留与发展新顾客关系）（Park et al.，2003）
评价渠道	自我评估、直属主管评估、同事评估、复式评估、交叉评估、部署评估、委员会评估	参考评价重点中的衡量指标
评价范围	工作范围内绩效和/或工作范围外绩效	角色内绩效和角色外绩效（Katz et al.，1978）
		任务绩效和情境绩效（Borman et al.，1997）

资料来源：李晶晶，柴俊武，2007. 销售绩效影响因素的文献综述与研究展望 [J].营销科学学报，（3）：115-125；裴一蕾，2009. 企业一线销售人员授权与其销售绩效关系研究 [D].长春：吉林大学.

2.2.2　销售人员绩效研究综述

销售人员绩效的决定因素研究在营销学术界和实务界长期以来都是重要的研究议题（Pilling et al.，1999）。在 Churchill 等（1985）进行的销售人员绩效决定因素元分析研究中，他们收集了 116 篇相关文献资料和实证研究，并按照与销售人员绩效的相关性，总结出了六组与销售绩效息息相关的决定性因素。这六组决定性因素依次是：个人因素、技巧、角色变量、态度、动机和组织环境因素。Vinchur 等（1998）进行的销售人员绩效影响因素元分析着重归纳影响销售人员绩效的心理学因素，并将影响销售人员绩效的主观因素和客观因素归纳为大五人格维度、大五人格子维度以及其他因素三个方面。其中，大五人格子维度指 Hough 模型中提及的附属、效力、成就感和依赖性；其他因素包括整体的感知能力、一般性感知能力、言语能力、数量分析能力、极端个体主义、销售能力、个人经历、年龄和兴趣。李晶晶、柴俊武（2007）梳理了销售人员绩效影响因素的相关文献，根据影响销售绩效的因素来源，将销售绩效的决定因素分为三类：个体层面因素、组织层面因素和环境层面因素（见表 2.3）。个体层面因素主要包括销售人员智能、技巧、动机、个人因素、销售智慧、适应性销售和勤奋工作等个人特质；组织层面因素主要包括企业文化、领导风格、绩效评估和培训等组织因素；环境层面因素包括行业竞争、销售领域特征、客户因素和信息通信技术等外在环境因素。

表 2.3　销售绩效主要影响因素相关研究（1918—2006 年）

个体层面因素		
影响因素	代表性文章的作者及发表时间	主要观点
智能	Oscgrin（1918）；Churchill 等（1985）	智能对销售绩效有影响，但相关性较弱。智能对绩效的方差贡献不到 2%

19

表2.3(续)

技巧	Churchill 等（1985）；Dwyer 等（2000）	销售技巧对销售绩效的预测能力强于智能，技巧对绩效的方差贡献大于7%；结合销售流程的销售技巧与销售绩效有正相关关系
动机	Churchill 等（1985）	动机对销售绩效的预测能力介于智能和销售技巧之间
个人因素	Churchill 等（1985）	个人因素包括年龄、性别、教育背景等，都对销售绩效有影响，影响力度和智能因素相当
销售智慧	Berg 等（1985）；Sujan（1999）	分析型智慧、创造力智慧与适应性智慧不同程度地影响销售绩效
适应性销售	Szymanski（1988）；Weitz 等（1988）；Boorom 等（1998）；Baker（1999）；Park 等（2003）；Fang 等（2004）	适应性销售显著正向影响销售绩效
勤奋工作	Brown 等（1993）；Sujan 等（1994）；Holmes 等（2002）；Krishnan 等（2002）；Fang 等（2004）	勤奋工作对销售绩效也有显著正向影响
组织层面因素		
企业文化	Skinner（2000）；Luo（2003）	不同企业文化对销售绩效的影响不同；家族型文化对销售绩效产生负面影响，市场型文化对销售绩效产生正面影响
领导风格	Perry 等（1999）；Mackenize 等（2005）	领导风格和领导质量影响销售效力和销售绩效
绩效评估	Pettijojn 等（2001）；Brashear 等（2004）	组织绩效评估的选择会影响销售绩效；绩效评估的公平性也会影响销售绩效
培训	Pelham（2002）；Ashraf 等（2006）；Franzi（2004）	销售培训带来销售绩效的提高；但也有研究显示培训与销售绩效之间没有显著正相关关系

表2.3(续)

环境层面因素		
行业竞争	Ryans 等（1979）	市场竞争影响销售绩效
销售领域特征	Pilling 等（1999）；Baldauf 等（2001）	销售人员绩效会因销售市场状况不同而变化
客户因素	关国宏（2005）	销售人员与客户之间的关系品质显著影响销售绩效
信息通信技术	Anderson（1996）；Leigh 等（2001）；Long 等（2006）	信息通信技术的应用对全球销售团队绩效有正向影响；网络技术的使用对销售绩效有正向影响

资料来源：李晶晶，柴俊武，2007. 销售绩效影响因素的文献综述与研究展望［J］. 营销科学学报，（3）：115–125.

2.3　社会网络与销售人员绩效研究综述

2.3.1　社会网络对绩效的影响研究

社会网络对个体/组织绩效的影响研究是社会网络研究的焦点。社会网络关注行动者之间的关系和关系结构，而不是孤立的个体行动者或个体行动者特质。绩效研究是组织和营销管理的研究重点（Pilling et al.，1999）。对绩效研究来说，社会网络视角最为引人注目的一点是，它不仅能够研究个体的绩效表现，还能够从关系特征和结构特征视角，研究组织内外的个体绩效和组织绩效（Brass et al.，2004）。因此，社会网络的关系特征（例如网络规模、连带强度、关系异质性）和结构特征（例如密度、中心性、结构洞和小集团）对个体、团体和组织绩效的影响研究发展迅速。个体/组织绩效的社会网络视角研究成果颇丰（见表2.4）。

表2.4　个体和组织绩效的社会网络视角研究

分析层次	代表性文章的作者及发表时间	主要观点
个体网络	Uzzi（1997）；Hansen（1999）；Reagans 等（2004）；Sparrowe 等（2001）；Ahuja，Galletta 等（2003）；Cross 等（2004）	大部分研究表明，个体网络的网络规模、连带强度、网络密度、网络中心性与个体绩效显著正相关
团体间网络	Mehra 等（2003）；Reagans 等（2001）；Oh 等（2004）；Krackhardt 等（1988）；Labianca 等（2004）；Sparrow 等（2001）；Tsai（2001）	大部分研究表明，团体间网络的网络规模、连带强度、网络多样性、网络密度、网络中心性与团体绩效显著正相关；部分研究表明，团体间网络的多样性、中心性和结构洞对团体绩效的影响不显著，或负相关（例如，Reagans et al.，2001；Brass，1981；Tsai，2001；Sparrowe et al.，2001；Cummings et al.，2003）
组织间网络	Podolny（1993），1994；Stuart 等（1999）；Powell 等（1996）；Silverman 等（2002）；Rowley 等（2000）；Watts（1999）；Tsai（2001）	大部分研究表明，组织间网络的网络规模、连带强度、网络多样性、网络密度、网络中心性正向显著影响组织绩效；部分研究表明，组织间网络的网络多样性、中心性和结构洞对团体绩效的影响不显著，或与其负相关（例如，Reagans et al.，2001；Brass，1981；Tsai，2001；Sparrowe et al.，2001；Cummings et al.，2003）

资料来源：BRASS D J, GALASKIEWICZG J, GREVE H R, et al., 2004. Taking stock of networks and organizations：A multilevel perspective ［J］. Academy of management journal, 47（6）：795-817.

2.3.2　社会网络对销售人员绩效的影响研究

社会网络对个体/组织绩效的影响研究成果颇丰，但对销售人员绩效的影响研究却刚刚起步，相关著作和成果屈指可数。Churchill 等（1985）、Vinchur 等（1998），以及李晶晶、柴俊武（2007）进行的销售人员绩效决定因素元分析和文献述评文章中，销售人员的个体层面、组织层面和环境层面因素是影响销售人员绩效的关键变量。社会网络对销售人员绩效的潜在影响研究长期以来没有得到应有的重视。

Lam 等（2010）在评述销售人员绩效发展方向时提出，销售人员绩效研究正在经历从个体层次到多元层次的转变。当代销售人员绩效研究更强调销售经理、销售人员和顾客在个体层面、团体层面和组织层面间的联系。社会网络强调的正是行动者之间的关系特征和结构特征。因此社会网络视角能够为分析、阐释销售人员在个体、团体和组织层面间的关系特征和结构特征提供分析工具，为销售人员绩效的影响研究提供独特的分析视角。

可喜的是，近几年来，部分学者认识到了社会网络视角对销售绩效的潜在影响。Steward 等（2010）发现，销售人员拥有的社会网络能够促使销售人员更好地调动组织内部其他行动者，从而更好地发挥协调作用。Üstüner 等（2012）也发现，销售人员在组织内部的网络能够帮助销售人员利用组织内部的资源，从而显著正向影响其销售绩效。

在针对销售经理的组织内部网络对其销售绩效的影响研究中，Claro 等（2011）发现，销售经理的咨询网络对其销售绩效具有显著的正面促进作用。同时，销售经理的情感网络在咨询网络对销售绩效的影响机制中发挥重要的调节作用。Flaherty 等（2012）的评述文章也强调销售经理管理团队内部网络的重要性，强调销售经理是销售团队的"网络工程师"，团队的内部网络能够显著影响销售经理的管理绩效。

虽然上述学者都强调社会网络对销售绩效的影响，但 Claro 等（2011）和 Flaherty 等（2012）关注社会网络对销售经理绩效的影响，而非社会网络对销售人员绩效的影响。Claro 等（2011）、Flaherty 等（2012）、Steward 等（2010）和 Üstüner 等（2012）都关注销售人员的组织内网络和组织内连带对其销售绩效的影响，而非销售人员组织外社会网络和连带。目前为止，销售人员组织外社会网络对销售人员绩效的潜在影响研究较为缺乏。销售人员组织外社会网络对销售人员绩效的影响形成了本研究关注的重点。社会网络对销售人员绩效影响的研究现状见图 2.1。

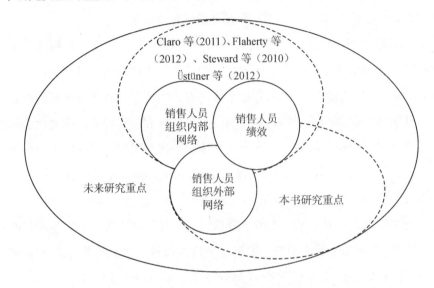

图 2.1　社会网络对销售人员绩效影响的研究现状

2.3.3　社会网络对绩效的影响机制研究

社会网络是吸收了物理场理论、数学方法和社会人类学方法发展而成的理论，主要指的是多位行动者之间的关系和连带（Mitchell，1969），以及用图式理论形式呈现出来的关系网络结构。这种关系网络结构构成了个体和组织的"社会资本"，即社会资本的结构维度，或者结构型社会资本。

社会资本理论和思想经历了漫长的演化过程。Lin（1999a）详细记录了社会资本的起源和演化过程。马克思首先将社会资本定义为资本家剥削无产阶级而产生的剩余价值，是商品生产和流通投资的产物。随着时间的推移，新兴资本理论产生。Schultz 和 Becker 认为社会资本是劳动力剩余价值的累积，是一种人力资本概念。Bourdieu 认为社会资本是统治性符号和意义（价值）的再生产，强调社会资本的文化资本属性。直到近代，社会资本才形成学者普遍认同的概念和定义：社会资本是指获取和利用嵌入在社会网络之中的资源，或者由此产生的友谊和群体再生产。

具体说来，Lin（1999a）将社会资本定义为嵌入在社会网络连带之中、可以获取和利用的资源。法国社会学家 Bourdieu 将社会资本定义为通过"体制化社会网"而获取的、潜在的或实际的资源集合体（Bourdieu，1985）。Coleman（1990）认为社会资本是"个人拥有的，表现为社会结构资源的资本财产"，由"构成社会结构的要素组成，主要存在于人际关系和结构中，并为结构内部的个人行动提供便利"。Portes（1998）认为社会资本是"个人通过个体的成员身份在网络中，或者更宽泛的社会结构中获取稀缺资源的能力"。而 Burt（1997）提出了基于"结构洞"的社会资本观。Burt（1997）把掌握非剩余资源的不同竞争者之间的关系断裂或不均等称为结构洞。结构洞的占据者具有获取信息资源和控制资源的优势。个体的社会网络结构形态构成个体的社会资本①。

然而，"资本"是一个经济学概念，是由社会学家从经济学移植到社会学之中，用于指代社会关系带来的资源。因此，社会资本和其他经济意义上的资本既有联系，又有差异。这种经济学"资本"隐喻需要在信度和效度方面得到进一步检验。

首先，和其他经济资本，例如金融资本、实物资本一样，社会网络这

---

① 时至今日，社会资本的理论核心已经成型，即是指嵌入在社会网络连带之中、可以获取和利用的资源（Granovetter，1985；Bourdieu，1986；Colean，1990a；Burt，1992；Portes，1993；Lin，1999；Adler et al.，2002）。普遍认为，社会资本包括结构、关系和认知三个维度。社会资本的结构维度，或者结构型社会资本主要指社会网络的关系特征和结构特征，包括网络规模、连带强度、网络密度、网络中心性、结构洞和小集团。实际上，社会网络是社会资本结构维度的操作性变量，这种思想获得大量学者的认同（Bourdieu，1985；Baker，1990；Burt，1992；Portes，1998；Knoke，1999；Stone，2001；Dodd，2012）。同时，社会资本还包括关系和认知两个维度，或者关系型社会资本和认知型社会资本。其中，关系型社会资本主要是指信任和诚信、规范和法令、义务和期望、身份和认同、良好意愿、同情、谅解和互惠等变量。Nahapiet 和 Ghoshal（1998）提出的认知社会资本主要是指各方之间相同的表现形式、相同的语言和行为、相同的阐释以及相同的意义系统。此外，其他学者提出了不同的分类，例如，微观层次、中观层次和宏观层次的社会资本（Brown，1997），桥梁观、连接观和混同观层次的社会资本（Adler et al.，2002），以及外部、内部层次的社会资本（Leana et al.，1999）。不管社会资本分类如何复杂多变，结构型社会资本和社会网络在概念和操作上始终相互重合。

种结构型社会资本是可以投资并为投资者带来回报的一种资源。原因在于，社会网络具有"可使用性"，可以像信息和建议一样，由于某种意图而被使用（Coleman，1988）；社会网络具有"可转换性"，可以转化为其他形式的资本（Bourdieu，1985；Alder et al.，2002）；社会网络也具有"可替代性"，能够替换或取代其他资本，减少交易成本（Lazerson，1995）。因此，社会网络对个体/组织绩效的促进作用不容小觑（Kostova et al.，2003；Luo et al.，2004；Maurer et al.，2006）。

然而，与其他形式的资本相比，这种结构型社会资本具有和其他形式的资本完全不同的特征。第一，与实物资本和人力资本一样，社会网络需要持续的投入和维护，才能发挥对绩效的促进作用。第二，社会网络是一种"集体物品"，会遭遇"搭便车""公地的悲剧"一样的命运。如果每位行动者都滥用社会资本，社会网络的促进作用将不复存在。第三，社会网络建立在双边关系基础上，社会网络依赖于双方共同投入。然而，社会网络却容易受到单方不道德行为的破坏。社会网络的促进作用很容易因为单方破坏而丧失殆尽。因此，受到社会网络高维护性、高不确定性、集体物品属性和双边性特征的影响，这种结构型社会资本的流动性更低、粘性更大、转换率更低（Alder et al.，2002）①。

因此，在社会网络与个体组织绩效的转化过程中，社会网络也更容易受到行动者内部因素和外部环境因素的限制与制约。在某些特定情境下，社会网络带来的负面影响甚至可能超过其带来的利益（Gabbay et al.，1999）。这些因素成为社会网络与企业绩效之间的内在或外在"张力"（Obstfeldt，2005），影响着社会网络与个体/组织绩效之间的转化率和利用率。在"张力"思想的启发下，学者们开始探索社会网络对绩效的具体

---

① 社会资本区别于其他形式资本的第四点特征是，社会资本只是借用"资本"这个隐喻来形容个体所能获取的"利益"（advantage）（Burt，2001），或者"优势"（benefits）（Alder et al.，2002），并不是一个纯粹的经济学概念，因此，对社会资本的精确测量是不可行的。但本研究关注的社会网络这种结构型社会资本，是运用社会网络分析法进行操作和测量，因此第四点特征并不明显。

作用机制，寻找可能加速或阻碍社会网络转化的变量和因素。时至今日，关于社会网络与绩效的研究取得了一定进展。

2.3.3.1 社会网络对绩效的中介机制研究

目前为止，社会网络对个体/组织绩效的中介机制研究大致可以划分为三种观点：资源观、能力观和整合观（见表 2.5）。

表 2.5 社会网络对个体和组织绩效的中介机制研究现状

观点	理论依据	代表文章的作者和发表时间	影响变量
资源观	资源依赖理论	Seibert 等（2001）	（资源带来的）资源优势
		杨俊 等（2009）	（社会资本结构维度的）关系资源
		李永强 等（2012） 白璇 等（2012）	社会支持、社会成本
能力观	组织学习理论	Tsai（2001） 韦影（2007）	吸收转化能力
		Gu 等（2008）	渠道能力、渠道反应力
		Tiwana（2008）	知识整合
		蒋春燕 等（2006）	组织学习
整合观	社会资源理论、社会认知个人图式理论	Lin（1999a，2005）	资源获取、资源利用
		Adler 等（2002）	机会、动机、能力 （社会资本带来的）优势和风险

（1）资源观

资源观是关于社会网络对销售绩效的具体作用机制的第一种观点。资源观认为，从社会网络连带中获取的资源是社会网络转化为成果和资产的重要中介变量。

资源观以资源依赖理论为基础。Pfeffer 和 Salancik（1978）提出了资源依赖理论的四个基本假设：①组织关心生存；②为了生存，组织需要资源，而组织自己通常不能生产这些资源；③组织必须与它所依赖的环境中的因素互动，而这些因素通常包含在其他组织内部；④组织生存、建立在一个组织控制它与其他组织关系的能力基础之上。同时，他们认为，一个组织对另一个组织的依赖程度取决于三个决定性因素：资源对于组织生存的重要性；组织内部或外部一个特定群体获得或使用资源的程度；替代性资源来源的存在程度。总体来说，资源依赖理论认为，没有任何一个组织是自给自足的，所有组织都必须为了生存而与其所处环境进行资源的交换。这种获取资源的需求产生了组织对外部环境的依赖。以资源依赖理论为基础，资源观强调，有价值的资源是个体/组织获得竞争优势的保证（Ray et al.，2004）。由此，社会网络中嵌入的各种资源是社会网络转化为成果或资产的关键因素。也就是说，社会网络带来网络资源，网络资源生成成果和资产。

Seibert 等（2001）是资源观的主要代表（见图 2.2）。在针对员工的职业成功研究中，Seibert 等（2001）认为，社会网络结构特征（包括弱连带和结构洞）能够为个体行动者带来来自网络中其他行动者（接触者）的社会资源，而这种社会资源能够带来信息获取途径（access to information）、资源获取途径（access to resources）和事业赞助（career sponsorship）三种资源优势。这三种资源优势能够为个体带来信息资源、物质资源和职业支持资源，这些资源在将社会网络关系的弱连带和结构洞转化为个人职业成功的过程中发挥完全中介作用。

李永强等（2012）和白璇等（2012）也认为，企业能够从社会资本中获取社会支持。社会支持孕育在社会资本中，是个体从自身网络中摄取的积极资源，这种积极资源有利于帮助个体解决问题。社会支持表现为四种形式：资金支持、信息支持、资源支持和情感支持。然而，社会资本的促进作用会受到社会成本的限制。社会成本表现为过量资源投入、决策自由限制和创新思想束缚。针对 160 位企业家展开的实证研究发现，企业社会资本显著影响社会支持和社会成本，社会支持和社会成本分别中和了社会资本对创新绩效的正面和负面影响。

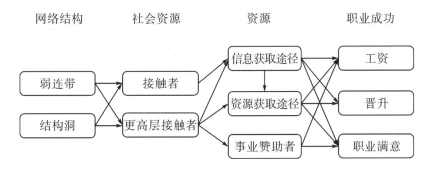

图 2.2　社会网络对职业成功的影响机制模型

（资料来源：来源于 SEIBERT S E, KRAIMER M L, LIDEN R C, 2001. A social capital theory of career success［J］. Academy Management of Journal, 44（2）：219-237.）

（2）能力观

能力观是关于社会网络对销售绩效的具体作用机制的第二种观点。能力观认为，行动者的专业知识能力是将社会网络连带转化为成果和资产的关键变量。

能力观以组织学习理论为基础。组织学习是指组织通过汲取更好的知识，并加深理解，从而提高行动有效性的过程（Fiol et al., 1985）。组织学习理论认为，组织学习是通过个体学习来完成的，所以对组织学习的研究通常是通过对个体学习行为的观察来完成的，但个体学习行为上升为组织学习需要带上组织的烙印（Kim, 1993）。也就是说，组织学习是通过"个体代理机制"完成的；然而，组织学习不同于个体学习，不是单个个体学习的简单代数总和。由此，学习型组织应该由相互紧密联系在一起的团体构成（Huber, 1991）。同时，组织学习应考虑到历史文化等其他外部因素，并将"活动系统"作为研究单元（Virkkunen et al., 2000）。

以组织学习理论为基础，能力观强调，组织的专业知识能力和学习能力是将社会网络转化为成果和资产的关键因素。从个体层面来说，没有个体行动者的专业知识能力和学习能力，社会网络很难转化为成果和资产，社会网络对个体绩效的影响将不显著。例如，产品经理可能拥有众多产品设计人员、研发人员或销售人员连带，然而，如果产品经理缺乏整合利用各种连带的能力，或者学习整合利用网络连带的能力，社会资本对产品经理绩效的促进作用不能得以显现。因此，个体行动者的专业知识能力是将社会网络连带转化为绩效的关键中介变量。从组织层面来说，组织学习应该得到充分重视，使整个组织的学习效率和知识吸收效率大于个体学习效率和知识吸收效率的总和。因此，团体之间的相互学习和知识吸收成为组织学习能否显著正向影响组织绩效的关键中介因素。

实证方面，Tsai（2001）、韦影（2007）、蒋春燕和赵曙明（2006）、Gu 等（2008）以及 Tiwana（2008）是能力观的主要代表。在针对企业社会资本对企业技术创新绩效的影响机制分析中，韦影（2007）认为，企业提高技术创新水平的关键在于通过内外部社会资本进行有效的知识获取和知识利用。针对企业展开的 142 份问卷调查发现，企业社会资本的结构维度、关系维度和认知维度显著正向影响企业的吸收能力，企业吸收能力进而显著正向影响企业技术创新绩效。Tsai（2001）认为，企业的吸收转化能力（absorptive capacity）是将社会网络转化为企业绩效的关键变量（见图 2.3）。Tsai（2001）提出，企业组织如果在所处社会网络中占据中心位置，企业的创新能力更强，绩效也更高。然而，这样的正向影响会受到企业的吸收转化能力，或者企业成功复制新知识能力的影响。在针对60 家企业展开调查后，Tsai（2001）证实，企业中心位置与企业吸收转化能力之间的交互作用显著，企业吸收转化能力是企业所处中心位置对其创新和绩效影响的调节变量。韦影（2007）和 Tsai（2001）都关注企业吸收能力，唯一不同之处在于，Tsai（2001）认为企业的转化吸收能力是企业位置和创新绩效之间的调节变量，而非中介变量。

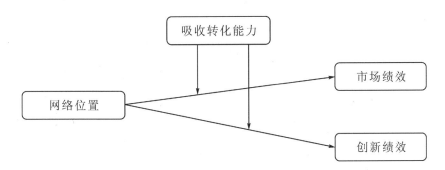

图 2.3　网络位置、企业吸收能力和企业绩效

（资料来源：TSAI W，2001. Knowledge transfer in intraorganizational networks：Effects of network position & absorptive capacity on business unit innovation & performance ［J］. Academy of Management Journal，44（5）：996~1004.）

在关系对品牌市场绩效的影响研究中，Gu 等（2008）提出了渠道能力（channel capacity）和渠道反应力（responsive capacity）两个中介变量（见图 2.4）。Gu 等（2008）认为，在关系治理机制中，渠道能力和渠道反应力是关系促进企业绩效的中介变量。在针对 282 家中国企业展开调查后，他们证实了关系对企业绩效的直接影响，同时也证实了渠道能力和渠道反应力对企业绩效的间接影响。

此外，Tiwana（2008）提出了知识整合（knowledge integration）的中介作用（见图 2.5）。Tiwana（2008）认为，企业的知识整合能力在企业的连接连带（bridging ties）（弱连带）和强连带转化为联盟并联能力（alliance ambidexterity）时发挥中介作用。针对美国一家大型服务性行业企业集团中 42 个创新性项目联盟进行的实证研究结果表明，企业的知识整合能力是项目联盟拥有的弱连带和强连带转化为联盟并联能力的重要中介变量。

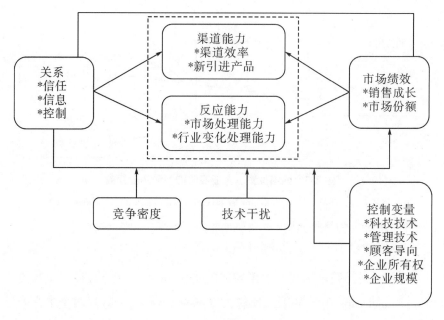

图 2.4 关系和品牌市场绩效

（资料来源：GU F F, HUNG K, TSE D K, 2008. When does Guanxi matter? Issues of capitalization & its dark sides ［J］. Journal of Marketing, 72 (4)：12-28.）

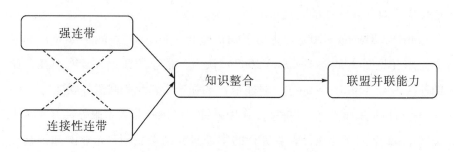

图 2.5 社会连带、知识整合和战略联盟

（资料来源：TIWANA A, 2008. Do bridging ties complement strong ties? An empirical examination of alliance ambidexterity ［J］. Strategic Management Journal, 29 (3)：251-272.）

与此类似，蒋春燕和赵曙明（2006）提出了组织学习的中介作用。在企业社会资本和企业家精神是否以及如何通过组织学习影响组织绩效的实证研究中，蒋春燕和赵曙明（2006）针对中国江苏和广东两省 676 家新兴企业的实证分析结果表明，组织学习在社会资本和公司企业家精神对组织绩效的影响中发挥中介作用。组织学习加速或阻碍社会资本和公司企业家精神对组织绩效的正向影响。

（3）整合观

资源观强调，社会网络中嵌入的网络资源是社会网络对绩效影响机制中的中介变量。能力观强调，个体/组织的学习能力和吸收能力是关键。然而，资源和能力，如同主体和客体之间的逻辑辩证关系一样，是不可分离的。单纯强调资源，或者单纯强调能力都具有一定程度的主观片面性。现实世界之中，我们经常会遇到这样的情况，即个体/组织行动者有资源而缺乏能力，或者有能力却缺乏资源的矛盾局面。这种情况就是关于社会网络对销售绩效的具体作用机制的第三种表现形式。

整合观以社会资源理论和社会认知个人图式理论为基础。社会资源是指个体在社会网络中拥有的直接资源和间接资源（Lin et al.，1986），是包括财富、地位和权利的有价物品（Lin，1982）。在强调资源的可获取性和可利用性的基础上，Lin（1999a）提出了社会资源理论模型（见图2.6），以及社会资源、位置强度和连带强度三个命题。社会资源理论模型强调社会资源的集体资产属性（collective assets），认为社会资源要通过对蕴藏在网络中的资源的获取（accessibility）和利用（mobilization），才能使社会网络转化为工具性回报和情感性回报。社会资源命题认为，社会网络中可获取的资源影响个体工具性行动的效果。位置强度命题认为，社会资源受到个体初始位置的影响。连带强度命题认为，社会资源也受到弱连带的影响，即社会资源受到直接连带和间接连带的影响。社会资源命题强调社会资源的作用，即社会资源能够影响个体工具性行动的结果。位置强度和连带强度命题强调社会资源的来源，即社会资源来源于个体所处的网络位置和拥有的连带强度，而这两者都是社会网络的基本特征之一。社会资源的三个命题强调，社会网络特征影响社会资源的获取和利用，而社会资源的获取和利用影响个体工具性行动的结果。所以，社会资源的可获取性和可利用性是将网络连带转化为绩效的关键变量。

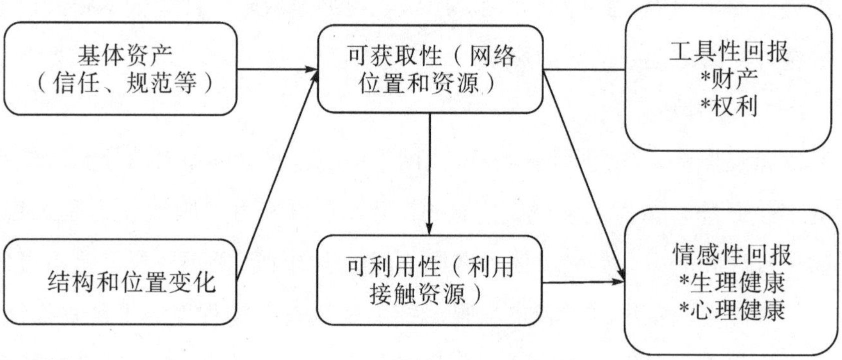

图 2.6　社会资源理论模型

（资料来源：LIN N，1999a. Building a network theory of social capital ［J］. Connections，22（1）：28-51.）

与 Lin（1999a）的社会资源理论一脉相承，Adler 和 Kwon（2002）强调"人"和"资源"在社会资本的利用和转化过程中，相辅相成，不可或缺。Adler 和 Kwon（2002）认为，"资本"其实是一个经济学概念，而"社会资本"是社会学家借用经济学中的"资本"概念，对社会人所拥有的社会关系及关系资源的一种经济学隐喻。社会学家将社会关系和关系资源视为"资本"的原因在于，社会资本和经济资本一样"可利用""可转化"。所以，在社会资本概念的发展过程中，"资本"属性得到重视，"社会"属性逐渐弱化。但值得注意的是，"社会资本"与"经济资本"仍然具有显著差异：社会资本是"集体物品"，需要持续的投入和维护，也依赖于双方共同投入。所以，社会资本不是绝对意义上的经济"资本"。社会资本概念因而应该将关注重心从"资本"转移到"社会"上来，应该关注"人"在"社会"中，将"资本"转化为成果和资产所面临的问题和阻碍。

因此，根据社会认知图式理论，Adler 和 Kwon（2002）提出个人图式（folk schema）的中介作用。图式是社会认知理论中的重要概念。图式是指由确定刺激领域的部分表象组成的认知结构。图式通过引导个体的知觉、记忆和推理过程来预测、控制社会和世界。图式研究的目的在于理解人们如何加工、解释和理解复杂的社会信息（张爱卿，1993）。图式主要包括四种形式：个人图式、自我图式、角色图式和事件图式（Taylor et al.，1981）。其中，个人图式是指被抽象了的人格品质或个人类型；自我图式是指区分和描绘自己的方式；角色图式是指根据人们在社会中的特殊角色位置而产生常规和预期的行为；事件图式是指描绘事件的有序组织的认知蓝图（张爱卿，1993）。

根据个人图式理论，Adler 和 Kwon（2002）强调，在激活嵌入于社会网络中的社会资本，并将之转化为成果和资产的过程中，个人图式，即个人所具有的人格品质和类型是重要的前置变量。Adler 和 Kwon（2002）将个人图式具体化为三个维度：行动者的机会、动机、能力（见图2.7）。机会是指行动者利用网络结构和位置中各种资源的机会；动机是指促使行动者积极主动运用蕴藏于网络连带中的社会资本来实现既定目标的动力；能力是指行动者具有运用社会资源或社会资本的专业知识能力。举例来说，在捐赠行为中，如果缺乏捐赠的连带或渠道（机会）、缺乏捐赠做贡献的动力（动机），或者缺乏相应的捐赠能力（能力），捐赠行为都不可能发生。因此，机会、动机、能力三者相辅相成，缺一不可。

在强调个人图式的基础上，Adler 和 Kwon（2002）也没有忽视客观资源的重要性，并将主观个体和客观资源有机融合在一起。在此基础上，社会资本带来的资源被内化为"个体/组织从关系连带中获取的各种优势和利益"。这些优势也被划分为三个具体维度：信息优势（information benefit）、影响优势（influence benefit）和友谊优势（solidarity benefit）。信息优势指的是行动者获取并利用多种信息资源的优势；影响优势指的是行动者控制影响他人的态度和行为的优势；而友谊优势指的是产生于行动者之间、独立于任何单独交易的信任和承诺优势。同时，Adler 和 Kwon（2002）认为，关系连带带来的资源具有两面性。根据经济学中的成本收益理论，如果这些优势和利益超出个体/组织的承受范围，将会对个体和组织造成相应的风险和危害。与优势和利益相对，风险和危害也以三种形式存在：信息风险（information risk）、影响风险（influence risk）和友谊风险（solidarity risk）。

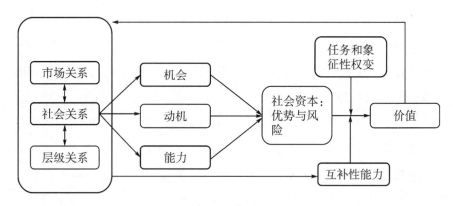

图 2.7　社会资本理论模型

（资料来源：ADLER P S, KWON S W, 2002. Social capital: Prospects for a new concept [J]. Academy of Management Review, 27（1）：17—40.）

整合观强调行动者既要从网络连带中获得资源，又要运用主观能力、动机和机会，积极运用资源和资本，达成既定目标。整合观认为，客观资源和主观能力相辅相成，不可或缺。整合观是资源观和能力观的概括和整合，是社会网络对个体/组织绩效的影响研究中更为客观和全面的观点。

2.3.3.2　社会网络对绩效的调节机制研究

个体/组织行动者不可控制的外部环境因素，也可能加速或阻碍社会网络对绩效的影响。外部因素观点以权变理论为基础，认为各个组织的内在环境和外在环境各不相同，所以管理活动中并不存在适用于任何情景的原则和方法。因此，内在和外在环境因素也会对社会网络与绩效之间的关系产生不同的调节作用。目前为止，外部权变变量研究主要集中在工作复杂性、竞争密度、规范、信念和文化变量上（见表2.6）。

表 2.6　调节机制研究

观点	理论依据	代表性文章的学者及发表时间	影响变量
调节机制	权变理论	Shaw（1964） March（1991）	任务复杂性 探索性任务和开发性任务
		Uzzi（1997） Hasen（2002）	工作情境 工作类型
		Burt（1997）	竞争密度
		Fernandez 等（1994）	规范和信念
		Xiao 等（2007）	集体主义文化

　　任务复杂性是学者们最先认识到、也最为重视的权变变量。Shaw
（1964）在进行网络实验研究时首先指出，任务复杂性是社会网络对绩效
影响机制中的重要调节变量。在两分法基础上，March（1991）进一步区
分了任务复杂性，将任务划分为探索性任务和开发性任务：探索程度高的
任务更多地需要与现有专长不太类似的专业技能，而开发性任务更多是利
用现有资源和专长来达成工作目标。此后，很多学者都认识到任务和工作
的调节作用。例如，Uzzi（1997）提出，社会网络价值取决于所处情境，
特别是行动者的工作情境。Hasen（2002）也提出，网络结构的价值不是
一成不变的，而是取决于行动者从事的工作类型。因此，不同的工作类型
需要不同的网络结构。Adler 和 Kwon（2002）讨论了社会网络连带的专
用性问题，指出社会网络的最终价值取决于一系列权变变量，例如，工作
类型。工作类型变量能够进一步解释社会网络的价值，例如，强弱连带、
结构洞、小集团以及内外连带的价值差异。

　　Burt（1997）认识到竞争密度的权变影响。特定的权变因素影响着以
结构洞形式存在的社会资本价值是否以及何时能够实现。而竞争密度，或
者同辈竞争者数量是重要的权变变量。Burt（1997）认为，竞争和合理性
是影响社会资本价值实现的重要原因：当同辈竞争者较少时，同辈行为规
范不会产生非正式影响力，经理受到的参照性竞争限制较少，大部分员工

应该遵守的合理性规范减少。因此，当竞争密度较小时，结构洞为个体带来的信息优势和控制优势能够使经理进一步了解个体的多样特征和需求，并将个体优势排列组合，提高工作效率。反之，参照性竞争限制和合理性规范压力增强，结构洞的信息优势和控制优势受到抑制。在美国企业电子组件部门和计算部门中收集到的170名主管的网络数据和绩效数据证明了竞争密度的调节作用。

此外，规范、信念和文化因素的权变作用逐渐得到学者关注。例如，Fernandez 和 Gould （1994）认为，规范和信念能够决定连接结构洞活动的效率。Gabby 和 Zuckerman （1998）提出，在重视合作的组织企业文化中，连接结构洞活动对个体/组织绩效发挥限制性作用。值得注意的是，Xiao 和 Tusi （2007）从企业文化和国家文化两个层面提出了文化因素的重要性（见图2.8）。Xiao 和 Tusi （2007）提出，大多数社会资本与绩效的理论与实证研究都是在以开放市场、自由竞争和个人主义为特征的西方情境中展开的（Xiao et al.，2007）。因此，大部分理论和实证研究都认为，占据结构洞优势的个体/组织能够利用结构洞带来的信息优势和控制优势，提高个体/组织绩效。然而，在国家层面的集体主义文化情境，以及企业层面的高承诺文化情境中，即使个体能够从社会网络中获得信息优势和控制优势，他们也不会主动利用这些优势来实现个体目标。原因在于，在集体主义文化和高承诺文化影响下，个体/组织跨越结构洞会导致不信任感和社会规范惩罚的发生。Xiao 和 Tusi （2007）认为，这种"脚踏两条船"的情况是不被集体主义文化和高承诺文化接纳的。因此，在个体主义文化情境下，结构洞和弱连带对个体绩效和组织绩效产生正向影响。而在集体主义文化和高承诺文化情境下，结构洞和弱连带对个体绩效和组织绩效产生负向影响。在中国 IT（信息技术）行业四家企业中收集的435份问卷，以及与各企业经理进行的深度访谈结果都表明，占据结构洞的个体在个人工资、晋升方面不但没有优势，反而受到负面影响。结构洞和弱连带对处于集体主义文化和高承诺文化情境中个体的职业发展具有负向影响。相反，尝试将组织员工凝聚在一起，填补组织结构洞空隙的员工反而会获得更高程度的职业发展。

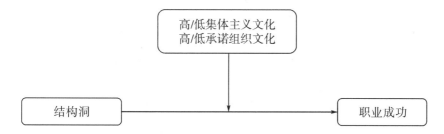

图2.8　结构洞、国家文化、企业文化和绩效

（资料来源：XIAO Z, TSUI A S, 2007. When brokers may not work：The cultural contingency of social capital in Chinese high-tech firms ［J］. Administrative Science Quarterly, 52 （1）：1-31.）

2.4　本章小结

在针对社会网络、社会网络、销售绩效进行的文献综述和对比研究中，本研究得到两个非常重要的结论。

第一个重要的结论是，销售人员的组织外社会网络在解释销售人员绩效方面潜力巨大，但实证研究匮乏。当代的销售人员绩效研究正在经历从个体层次到多元层次，从销售经理、销售人员和顾客之间个体层面的关系研究到团体层面和组织层面间的关系研究的转变（Lam et al.，2010）。社会网络能够分析销售经理和销售人员在关系网络之中的关系特征和关系结构（Flaherty et al.，2012），从而更为深刻地解释和预测他们的行为和绩效。但社会网络对销售绩效影响的实证文章较为缺乏，现有实证研究注重的只是销售人员的部门间和组织内部网络对其销售绩效的影响。因此，销售人员的组织外社会网络对销售人员绩效的影响成为本研究关注的重点。

第二个重要的结论是，大多数社会网络对绩效的影响研究都认为，社会网络直接转化为个体/组织绩效，社会网络直接影响个体/组织绩效。学者们关于社会网络对绩效的影响机制的探讨大致可以划分为三种观点：资源观、能力观和整合观。资源观以资源依赖理论为基础，认为社会网络之中嵌入的网络资源是转化的关键因素。能力观以组织学习理论为基础，强调组织的学习能力和吸收能力。整合观是对资源观和能力观的概括和整合，以社会资源理论和社会认知图式理论为基础，强调客观资源和主观能力相辅相成，不可或缺。整合观的思想更为客观和全面。同时，整合观代表人物 Adler 和 Kwon（2002）将行动者从社会网络中获取的资源优势细化为信息、影响和友谊三种形式的做法更为深刻地揭示了社会网络对个体/组织绩效的具体作用机制。然而，信息、影响和友谊三种优势的多重中介作用还没有得到实证研究的证实。

　　上述两个结论既是现有文献之中的理论和/或实证亟待探索的研究方向，也是本研究的主要研究思路（见图2.9）。由此，本研究主要考察社会网络、网络成员从网络资源中获得的资源优势，以及销售人员绩效之间的多重联系。

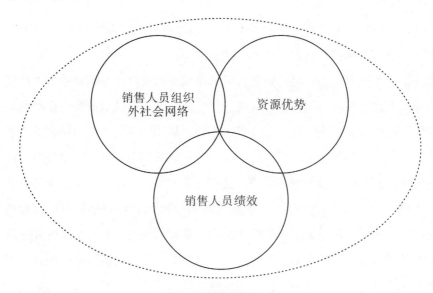

图 2.9　具体研究思路

　　此外，文献综述也表明，任务复杂性、工作情境、文化特殊性、竞争密度等外部环境变量也是社会网络对销售绩效影响的重要调节变量。例如，大多数社会网络对绩效的影响研究都是在以开放市场、自由竞争和个人主义为特征的西方情境中展开的（Xiao et al.，2007）。在中国"关系"文化（Hwang，1987；Gu et al.，2008）的文化情境影响下，以及相对不健全的商业基础设施、法律体系（Gold et al.，2002）和正式机构中有效合作机制欠缺（Bian，1997）的现实情境中展开的社会网络对销售绩效的影响研究寥寥可数。然而，由于本研究主要关注销售人员组织外社会网络对销售人员绩效的影响，以及信息、影响、友谊三种资源优势的多重中介作用，因此，任务复杂性、文化特殊性等变量的影响没有反映在本研究设计之中。

　　下一章将根据以上研究思路，进一步讨论相关文献、提出研究问题、建立概念模型、发展理论假设。

3 概念模型和关系假设

本章共分为 5 节。第 1 节阐释外部网络视角在解释销售人员绩效方面的独特优势，并对销售人员组织外社会网络做出概念界定。第 2 节定义并阐释信息、影响和友谊三种资源优势的多重中介作用。第 3 节和第 4 节构建本研究的概念模型和关系假设。第五节为本章小结。

3.1 社会网络与销售人员绩效：外部网络视角

文献综述表明，很少有学者研究销售人员组织外社会网络对其销售绩效的潜在影响。相关著作较少的原因在于，部分学者认为，在销售人员绩效影响因素研究中，部门内部网络和组织内部网络的价值远远大于组织外部网络。然而，不可否认，组织外部网络在社会网络与绩效研究中，仍然发挥着不可替代的重要作用。

作者认为，在销售人员绩效研究中，组织外部社会网络的重要性是由销售人员的工作性质决定的。作为公司员工，销售人员需要得到组织给予的内部支持，才能发挥自己的优势和潜力。然而，在组织活动中，销售人员一直被认为是典型的跨界者（boundary spanner）（Rangarajana et al.，2004）。总体来说，跨界者的职责是代表所属部门或组织、联系组织外人员（Adams，1976）。具体来说，跨界者需要从事五项活动：办理信息收集和信息传送、过滤信息输入和输出、搜寻和收集信息、代表组织、保护组织免受外部威胁和压力（Adams，1980）。同时，Aldrich（1979）将跨

42

界者的任务简化为两类活动，即对外代表和信息处理。因此，与组织内部承担行政工作的员工不同，销售人员的职责不是传达部门之间的组织内部信息，而是代表组织，与市场和潜在顾客进行信息沟通和信息交流。对于公司和组织来说，销售人员是企业与市场联系的纽带，其绩效的高低直接影响企业的生存与发展。成功的公司都高度依赖其销售人员，因为对顾客而言他们就代表公司，并直接影响顾客行为结果；同时，销售人员更重要的任务是跨越所属部门或所属组织的边界，在市场中寻找销售机会、联系潜在顾客（Moon et al.，1994）。

在销售人员跨界者特质的影响下，外部网络分析视角为社会网络与销售人员绩效研究赋予新的潜力。由于销售工作的特殊性质，销售人员更重视与市场、其他组织和潜在顾客之间的信息交流，以及构建自己的组织外部社会网络。这种组织外社会网络在解释销售人员绩效方面具有独特的意义和重要性。与组织内部网络相比，外部网络视角的优势在于能够使销售人员和组织外部的个体/组织建立紧密关系。形成规模大、连带强度高，同时具有高中心性和多结构洞的外部网络能够使销售人员与市场和潜在顾客建立更多的联系，使其接触更多的销售机会，定位更多的潜在顾客，最终利用外部网络之中的网络资源和社会支持，提高销售绩效。因此，本研究认为，销售人员的外部社会网络在影响销售人员绩效方面发挥着独特的重要作用。

因此，在销售人员跨界者特质的影响下，销售人员的组织外部社会网络为销售人员的销售绩效研究提供了绝佳的外部分析视角。在此，本研究将销售人员的组织外部社会网络概念定义为："以销售人员为中心，由客户、顾客以及家庭成员、亲戚、同乡、同学、朋友等跨越组织边界的组织外部人员组成的工作自我中心网。"网络中的成员根据关系的类型和亲疏远近，嵌入在以个体为核心，向外扩散的网络之中。根据网络成员之间的关系连带，该组织外社会网络也显现出网络规模、关系强度、关系多样性和关系不对称性等关系连带的类型特征，以及密度、中心性、结构洞和小集团等关系网络的结构特征。

3.2 社会网络与销售人员绩效：资源优势的中介作用

文献综述表明，大多数社会网络对绩效的影响研究都认为，社会网络直接转化为个体/组织绩效。然而，受到社会网络高维护性、高不确定性、集体物品属性和双边性特征的影响，这种结构型社会资本的流动性更低、粘性更大、转换率更低（Alder et al.，2002）。在社会网络与个体/组织绩效的转化过程中，社会网络也更容易受到行动者内部因素和外部环境因素的限制与制约。这些因素成为社会网络与销售绩效之间的内在或外在"张力"（Obstfeldt，2005），影响着社会网络与个体/组织绩效之间的转化率和利用率。部分学者开始探讨，在社会网络对个体/组织绩效的影响研究中，学者们对社会网络对绩效影响机制问题的探讨大致划分为三种观点：资源观、能力观和整合观。资源观以资源依赖理论为基础，认为社会网络之中嵌入的网络资源是转化的关键因素。能力观以组织学习理论为基础，强调组织的学习能力和吸收能力。整合观是对资源观和能力观的概括和整合，以社会资源理论和社会认知图式理论为基础，强调客观资源和主观能力、动机和机会相辅相成，不可或缺。

在社会网络对绩效影响机制问题的探讨中，整合观的思想更为客观、全面。原因在于，整合观强调行动者既要从网络连带中获得资源，又要运用主观能力、动机和机会，达成既定目标。整合观认为，客观资源和主观能力、动机和机会相辅相成，不可或缺。在根据个人图式理论，强调行动者主观能力、动机和机会以及客观资源不可或缺的基础上，整合观代表人物 Adler 和 Kwon（2002）将资源优势定义为行动者"从社会网络中获取的""帮助个体达到既定目标的特定优势"，并将其细分为信息、影响和友谊三个维度。信息优势来源于获取信息与既定目标相关、及时和可靠；影响优势是指个体行动者影响他人并免受他人影响的能力；友谊优势是指产生于行动者之间、独立于任何单独交易的信任和承诺优势。根据 Adler 和 Kwon（2002）的定义和分类，对本研究中的资源优势及其三个维度做出概念界定：

资源优势是指"销售人员运用个体主观能力、动机和机会，从个体的组织外社会网络中获取的、能够帮助自己实现既定销售目标的优势（benefits）"。资源优势包括三个维度，即信息优势（information benefit）、影响优势（influence benefit）和友谊优势（solidarity benefit）。信息优势是指"销售人员获取并利用相关、及时、可靠信息资源的优势"；影响优势是指"销售人员控制影响客户、顾客、家人、朋友等组织外社会网络成员的态度和行为的优势"；友谊优势是指"销售人员和客户、顾客、家人、朋友等组织外社会网络成员之间、独立于销售活动的信任和承诺优势"。

本研究中的信息、影响和友谊三种资源优势具有以下性质和特点：

第一，这种资源优势是个体层次的资源优势，即社会网络能够为个体行动者以及处于集体和团队之中的个体行动者带来的优势。本研究中的组织外社会网络是以销售人员为中心而建立起来的自我中心工作网络。由于网络不具有封闭网络的特征，并且每位处于往网络之中的个体行动者都具有相对处于独立的主体位置，所以本研究中的资源优势是个体行动者能够获得的资源优势。此外，对组织或团队来说，社会网络产生的资源优势不尽相同。根据社会资本理论研究，组织或团队从社会网络中获得的资源优势可能是信任和诚信、规范和法令、义务和期望、身份和认同、良好意愿、同情、谅解和互惠等变量。

第二，虽然资源优势是非物质化和非经济化的优势（Sandefur et al.,

1998），这些优势却能够帮助行动者实现情感、经济和物质方面的目标。举例来说，相关、及时和可靠的信息，影响他人的能力，和网络成员之间的友谊都是非物质化和非经济化的情感性优势。然而，信息、影响和友谊优势能够帮助销售人员在同辈竞争中提高情感性和工具性行为的效率和效用（Sandefur et al.，1998），因而帮助销售人员实现情感和工具方面的双重目标。

可以看出，资源优势概念以社会资源理论和社会认知个人图式理论为基础，强调个体行动者运用主观能力、动机和机会，从社会网络中获取信息、影响和友谊三种资源优势，帮助行动者"占用"和"转化"社会网络资源，完成既定目标。信息、影响、优势三种资源优势深刻地揭示了社会网络对销售人员绩效的具体作用机制。然而，信息、影响和友谊三种优势的中介作用也还没有得到实证研究的证实。因此，本研究提出三种资源优势在社会网络与销售人员绩效关系之中的多重中介作用，并运用实证研究进行理论验证。

3.3　概念模型

针对社会网络、资源优势和销售人员绩效而展开的文献综述和文献述评逐渐形成了两个主要研究方向：其一，销售人员的组织外社会网络在解释销售人员绩效方面潜力巨大；其二，资源优势，包括信息优势、影响优势和友谊优势，可能在社会网络对销售人员绩效的影响机制中发挥多重中介作用。因此，本研究提出了两个主要研究问题：

①销售人员的组织外社会网络是否影响他们的销售绩效？

②如果该影响存在，信息优势、影响优势和友谊优势是否在其中发挥多重中介作用？

下文中，本研究将根据研究问题来选择社会网络特征，构建概念模型，发展关系假设。

3.3.1　社会网络特征的选择

（1）社会网络的定义

社会网络是社会行动者以及社会行动者之间所有正式和非正式关系的集合；一个社会网络是由多个节点（行动者）和各节点之间的连线（行动者之间的关系）组成的集合（Mitchell，1969；Wasserman et al.，1994）。按照不同标准，社会网络具有不同的归类。从网络性质上来划分，社会网络包括咨询网络、情感网络和信息网络三种类型（Krackhardt，1992）。从关系网络的结构和分析层次上来划分，社会网络包括个体层面的自我中心网、局部网和组织层面的整体网（Wasserman et al.，1994）。从内外关系上来划分，网络又分为组织内社会网络和组织外社会网络。本研究关注中国销售人员的组织外社会网络对其绩效的影响机制。因此，本研究涉及的社会网络从网络性质上来说属于咨询网络，从分析层次上来说属于自我中心网，从内外关系上来说属于个体的组织外社会网络。本研究所指的社会网络是以个体销售人员为中心而形成的组织外自我中心咨询网络。

（2）社会网络的维度

社会网络包括两个维度：关系连带的类型和关系连带的结构（罗家德，2010）。关系连带的类型特征包括网络规模、连带强度、关系多样性和不对称性。关系连带的结构特征包括网络密度、网络中心性、结构洞和小集团。从销售人员自我中心网角度出发，本研究选择了三个社会网络特征：网络规模、连带强度和中介中心性。这三个社会网络特征成为销售人员组织外自我中心咨询网的三个重要变量。

（3）本研究选择这三个网络特征的原因

第一，网络规模和连带强度是销售人员自我中心网最重要、也是最基础的指标。个体社会网络是以特定个体为中心而发展起来的网络（Wasserman et al.，1994）。自我中心网包括"自我"（ego），以及与"自我"相连接的"他我"（alters）之间的关系连带。自我中心网通常是通过提名生成法而得到的和"自我"有联系的一群名字，以及这些"他我"之间的关系结构。因此，与整体网相比，个体自我中心网的优点在于能够更细致地分析网络中的社会连带（social ties）。因此，网络连带是自我中心网值得关注的重要特征。具体来说，网络规模（network size）是指网络中成员或连带的数量，是个体自我中心网最基础、最重要的指标。连带强度是指行动者之间关系的强弱程度（Granovetter，1973）。根据关系久暂（relationship duration）、互动频率（frequency of interaction）、亲密程度（intimacy）和互惠行为（reciprocal services）四个维度，行动者之间的连带强度分为强连带和弱连带。强连带是指交流频繁、持续时间长久、包含情感交流的社会关系（Krackhardt，1992）；弱连带是指行动者之间交流较少、关系较为疏远的社会关系（Hansen，1999）。选择网络规模和连带强度作为销售人员个体自我中心网的主要指标的原因在于，网络规模可以说明销售人员组织外自我中心咨询网的规模大小和内部连带数量，而连带强度可以了解销售人员与组织外自我中心咨询网中各个节点的关系强度。这两个基础指标在解释行动者社会网络特征方面发挥着不可忽视的作用。

同时，由于中国是集体主义文化环境，在差序格局和"圈子"的作用下，人们倾向于信任关系更为亲密的"圈内人"，排斥自己不了解的陌生人。因此，关系的多少和强弱成了潜在影响销售人员绩效的重要网络指标。关系多样性和不对称性这两个社会网络指标的潜在影响力可能相对较弱。此外，如果在研究中加入所有的网络关系指标，研究写作和实证方面的困难将更突出，整体模型也会显得臃肿不堪。综合多方面因素考虑，本研究选择网络规模和连带强度两个变量作为社会网络的关系特征指标。

第二，自我中心网的结构特征也可能成为影响销售人员绩效的关键社会网络指标。自我中心社会网问卷中得到的受访者和朋友之间的关系结构是受访者的主观臆测，而非客观事实。同时，自我中心网中的所有节点都是以受访者为中心而发展起来的。因此，这个以"自我"和"他我"组成的网络结构不是封闭的团体，没有完整的网络结构，不太可能反映真实社会网的整体结构情况（罗家德，2010）。然而，虽然自我中心网的网络结构没有意义，但自我中心网中各个节点之间的相互联系也会产生有意思的结构变量，即"自我"在这个网络中的结构位置（罗家德，2010），也就是自我中心网的中介中心性。

中心性是社会网络分析中重要的、多维的个人结构位置指标（Freeman，1979）。而中介中心性是销售人员自我中心网中最贴切的中介性指标。Freeman（1979）将中心性分为三种形式：程度中心性（degree centrality）、亲近中心性（closeness centrality）和中介中心性（betweenness centrality）。其中，程度中心性是衡量团体中核心人物的重要指标，是指个体直接与他人交往的能力。程度中心性的计算方法是一个人在社会网中关系数量的总和除以该网中最大可能的关系数。如果社会网络中的关系具有方向，程度中心性又包括外向中心性（out-degree centrality）与内向中心性（in-degree centrality）。外向中心性是指一个节点承认对外关系数量的总和，而内向中心性是指其他节点承认对某一节点有关系的数量总和。虽然程度中心性是衡量团体中心人物的重要指标，在本研究的个体自我中心网分析中，程度中心性却不是最贴切的指标，因为自我中心网中的程度中心性和网络规模在概念和计算方法上有所重合（Marsden，2002），两者之间也会产生较大的交叉载荷。由于已经采取网络规模作为变量，本研究没有选用程度中心性作为自我中心网的指标之一。

亲近中心性指的是个体以最短距离接近最大量节点的能力。亲近中心性是以距离为概念来计算节点的中心程度。与其他节点距离越近，个人的亲近中心性程度越高；与其他节点距离越远，个人的亲近中心性程度越低。然而，亲近中心性要求网络结构必须是完全相连的图形。而本研究中的自我中心网网络结构并不是封闭的团体，因此，亲近中心性也不是符合本研究要求的结构位置指标。

中介中心性是指个体连接未相连节点的程度，衡量了个体阻碍信息流动的能力（Freeman，1979）和个体作为媒介者的能力（罗家德，2010）。自我中心网中的中介中心性和结构洞的作用比较类似。具有高中介中心性的个体能够掌握信息流，进而影响没有直接联系的群体或个体，从而取得中介利益（Burt，1997）。因此，本研究采取中介中心性代表"自我"在自我中心网中的结构位置，阐释"自我"的中介中心性对资源优势和销售绩效产生的潜在影响。本研究中，中介中心性是销售人员组织外自我中心网的结构型指标。

本小节中，本研究从销售人员自我中心网网络特征的角度出发，选择了网络规模、连带强度和中介中心性这三个维度，作为销售人员外部自我中心网的关键指标。同时，从销售人员自我中心网对资源优势和销售人员绩效的潜在影响角度出发，这三个指标也是具有特殊意义的关键变量。这部分的阐释分散在各个变量对资源优势的假设之中。

3.3.2 概念模型的构建

社会网络和销售绩效的外部网络分析视角表明，销售人员组织外社会网络可能对销售人员绩效产生正向影响。同时，作为客观实体，以网络关系和网络结构为特征的社会网络不能直接转化成为销售人员绩效。在转化过程中发挥作用的是个体行动者从社会网络中获取、利用资源这一过程中所形成的资源优势。个体行动者从社会网络中获取的优势（Sandefur et al.，1998；Adler et al.，2002）是在其中发挥关键作用的中介变量。个体行动者从社会网络中获取的优势包括三个维度，即信息、影响和友谊。这些优势可能加速网络到绩效的转化过程，从而强化组织外社会网络对销售人员绩效的影响。在此基础上，本研究提出以下概念模型（见图3.1）。

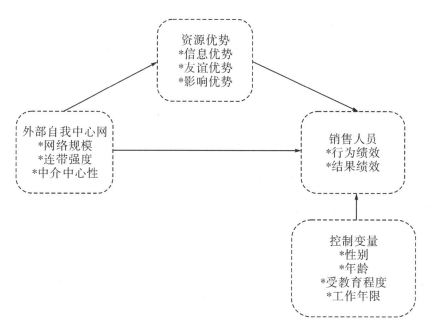

图 3.1　概念模型

3.4　关系假设

3.4.1　组织外自我中心网与销售人员绩效

3.4.1.1　网络规模和销售人员绩效

网络规模是指网络中成员或连带的数量。销售人员自我中心网中的成员数量越多，网络规模越大。Rodan 和 Galunic（2004）在研究经理绩效时发现，网络规模与经理的各种绩效表现正相关。同时，网络规模越大，创新绩效越高。此外，Cross 和 Cummings（2004）在研究个体网络特征与个体绩效时证实，个体拥有的跨越组织部门边界、地理边界和层级界限的连带越多，个体得到的视角和观点越多样，完成任务的效率越高，绩效表现也越好。由此，销售人员的客户、家人、朋友等组织外社会网络成员也

51

会带给他们更新鲜、更多样的视角和观点，促进他们的工作效率，从而帮助他们计划销售活动，提高销售绩效。销售人员所拥有的组织外连带越多，组织外社会网络规模越大，他们的行为绩效和结果绩效越高。因此，本研究提出以下假设：

H1：销售人员组织外社会网络的网络规模与他们的（a）行为绩效和（b）结果绩效正相关。

3.4.1.2　连带强度和销售人员绩效

连带强度（tie strength）是指行动者之间关系久暂、互动频率、亲密程度和相互之间的互惠行为（Granovetter，1973）。根据关系久暂、互动频率、亲密程度和互惠程度四个维度，行动者之间的连带强度有强弱之分。强连带一般是指关系双方认知时间较长、互动频繁、亲密和互惠程度较高的关系连带，而弱连带在关系久暂、互动频率、亲密程度和互惠程度四个方面程度都较低。Kraftcraft（1992）指出，强连带能够增进关系双方的信任和善意，因而使信息流动更通畅，所以在高层管理团队的企业绩效研究中，Collins 和 Clark（2003）发现，高层管理团队的组织内和组织外社会网络的连带越强，公司的销售额增长率越高，公司的股票价格增长越快。对销售人员来说，和组织外社会网络成员的强连带也能够增进双方的信任和善意，增进信息的流动，从而帮助他们计划销售活动，提高销售绩效。因此，本研究提出以下假设：

H2：销售人员组织外社会网络的连带强度与他们的（a）行为绩效和（b）结果绩效正相关。

3.4.1.3　中介中心性和销售人员绩效

中介中心性是指个体连接未相连节点的程度，衡量的是个体阻碍信息流动的能力（Freeman，1979）和个体作为媒介者的能力（罗家德，2010）。因此，自我中心网中的中介中心性和整体网中的结构洞作用类似。很多学者都认同，享有高中介中心性的行动者能够控制、阻碍或扭曲信息，从而影响网络中的其他行动者（Freeman，1979），他们拥有权力和影响力（Salancik et al.，1977）。因此，处于信息交流关键位置上的行动者能够促进或者限制其他行动者之间的交流和信息流动（Burt，1992），提高行动者情感性或工具性行为结果的效率和效用。然而，实证研究结果中，中介中心性对个体/组织绩效的影响作用相互冲突：中介中心性与个体/组织绩效之间的关系表现为正相关、不显著，甚至负相关。实证研究结果差异促使研究者们深入探究中介中心性（或结构洞）对绩效的真实影响。

学者们针对结构洞的作用提出了两种不同的观点和解释：①分析层次差异（Reagans et al.，2008）。分析层次差异观点认为，个体层面的结构洞正向影响个体绩效，组织层面的结构洞负向影响组织绩效；②组织内外部差异（Reagans et al.，2004）。组织内外部差异观点认为，组织内部的结构洞不利于内部凝聚力的产生，从而负向影响组织绩效；组织外部的结构洞能够为个体/组织带来更多非冗余的信息资源，从而正向影响组织绩效。这样的观点得到了学者们的认同。例如，Cummings 和 Cross（2003）针对跨国组织中 182 个工作群体的自我中心网展开调查与研究。他们发现，群体领导的结构洞数量对其绩效评价产生显著的负向影响，即群体内结构洞数量越多，团体绩效反而越低。同时，部分学者提出了其他变量的调节作用。Shaw（1964）和 Hansen（1999）认为，工作复杂性在结构洞对绩效的影响中发挥调节作用。工作复杂性的调节作用在 Cross 和 Cummings（2004）针对 101 名工程师和 125 名咨询师的实证研究结果中得到证明：在知识密集型工作中，自我中心网中的中介中心性对个体绩效存在显著正向影响。

本研究讨论销售人员组织外社会网络对其销售绩效的影响，重点关注的是个体销售人员的组织外自我中心网。因此，我们认为，在自我中心网中享有高中介中心性的个体销售人员，能够通过阻碍或扭曲信息来影响网络中的其他行动者，同时通过控制信息而拥有权力和影响力，从而促成行动者情感性或工具性行为结果。因此，本研究提出以下假设：

H3：销售人员组织外社会网络的中介中心性与他们的（a）行为绩效和（b）结果绩效正相关。

3.4.2　资源优势的中介作用

3.4.2.1　网络规模、资源优势和销售人员绩效

虽然网络规模会对销售人员绩效产生直接的正向影响，但本研究也认为，社会网络的信息优势会在其中发挥中介作用。

第一，网络规模会正向影响社会网络的信息优势。跨越组织或部门边界的连带可以为销售人员带来多样的信息资源，并促进信息的流动（Cross et al.，2004）。销售人员组织外部网络中的行动者都位于销售人员所处组织之外，因此，他们接触的信息资源不同于销售人员在组织内所接触的信息资源。这样的非冗余信息能够补充销售人员的信息资源库。因此，销售人员组织外社会网络中的每条连带都是信息资源的导管。网络中的弱连带一般数量较多、渠道不同，因此，弱连带的价值在于促进大量来自不同渠道、重复性较低的信息资源的交换和流动（Granovetter，1973，1982；Haythornthwaite，2000）。相反，网络中的强连带意味着行动者之间交往频率较高，交往的自由度较大，因此，强连带的价值在于促进复杂信息和知识资源的交换和流动（Hansen，1999）。由于网络之中的每条连带都会产生价值各异的信息资源，并促进各种信息资源的交换和流动，因此，自我中心网的网络规模越大，信息资源越丰富，信息资源的交换和流动越频繁。在销售情境之中，销售人员的自我中心网网络规模越大，他们能够接触的有关销售的信息资源越多，获取并利用转化的信息资源越丰富。在获取信息资源的过程中，销售人员通过主观努力，对资源进行"占用"和"转化"，最终将信息资源转化为能够为他们带来潜在经济和

物质利益的信息优势。

第二，信息优势能够改善销售人员的行为绩效和结果绩效。丰富、多样且非冗余的信息资源能够帮助个体/组织在同辈竞争中提高情感性和工具性行为的效率和效用（Sandefur et al.，1998）。从大量组织外连带中获取并利用的与销售工作相关的、及时的、与组织内其他销售人员不同的信息资源能够帮助销售人员快速寻找并定位潜在顾客，计划安排一系列销售活动，提高销售活动效率，从而使销售人员取得更好的行为绩效和结果绩效。顾客寻找和顾客定位能力在中国更成为一种优势，因为在人口基数庞大的中国市场中，高效率的顾客寻找和顾客定位能够节省销售人员大量的时间和精力，从而使其在同辈竞争中取得更高的绩效。此外，很多实证研究已经证实了信息对绩效的促进作用。对个体行动者来说，信息的流动能够帮助行动者找到工作（Grannovetter，1973），以及提升社会地位（Lin，1999b）。在 Burt（1995）的研究中，能够获取大量与工作中即将到来的机会和潜在挑战相关的、及时的信息的经理能够较早地得到升职的机会。因为拥有了这些信息，经理们能够比具有相同智慧、技能和经历的同辈得到更高的绩效。

综上所述，网络规模会正向影响信息优势，信息优势会正向影响销售绩效，因此，本研究提出以下假设：

H4：信息优势在网络规模到（a）行为绩效和（b）结果绩效的影响中发挥中介作用。

需要说明的是，不同社会网络特征带来的资源优势有所差异（Sandefur et al.，1998）。销售人员的组织外社会网络能够为个体销售人员带来大量的信息资源优势，但并不能为个体销售人员带来影响优势和友谊优势。销售人员的组织外社会网络规模越大，网络成员也就越多。当网络成员数量控制在一定规模之内，销售人员就能够合理安排时间和精力，与每一位网络成员交往、互动，相互交流、相互了解。在相互交流和了解的基础上，销售人员可以获得影响网络成员态度和行为的影响优势，也可能与网络成员建立起信任和友谊。然而，行动者承载力边际递减效用观点认为，当行动者自我中心网规模达到一定临界点时，个体管理网络的能力降低（Reagans et al.，2008）。由于个体管理网络能力的限制，网络规模对影响优势和友谊优势的影响会逐渐减弱，网络规模对影响优势和友谊优势之间会呈现倒"U"形关系，而非线性关系。因此，当销售人员的组织外社会网络成员数量逐渐增长，超过了临界点后，销售人员的网络管理能力下降，与成员的互动交流频率降低，销售人员影响网络成员的能力下降，与网络成员建立友谊的可能性较小，最终导致网络规模对影响优势和友谊优势的作用不显著。实证研究中，有学者就指出了网络规模可能与绩效存在负相关关系。在有关董事会网络规模与企业绩效的研究中，Mak 和 Yuanto（2005）就指出，董事会的成员越多，网络规模越大，董事会内部的方向和意见多样性越强，董事会内部管理出现冲突和分歧，最终对企业绩效产生负向的影响。因此，本研究只提出了信息优势在网络规模对销售人员绩效影响中的中介作用假设，没有提出影响优势和友谊优势的中介作用假设。

3.4.2.2 连带强度、资源优势和销售人员绩效

虽然连带强度会对销售人员绩效产生直接的正向影响，信息优势、影响优势和友谊优势分别在连带强度对销售绩效的影响中发挥多重中介作用。

首先，社会网络的信息优势会在连带强度对销售绩效的影响中发挥中介作用。

一方面，连带强度会正向影响信息优势。虽然 Grannevett（1973）强调弱连带比强连带能够接触到更丰富、更多样且非冗余的信息，但强连带却能促进复杂信息和知识资源的交换和流动（Hansen，1999）。因此，连带强度越强，销售人员得到的复杂信息越多，信息流动越顺利，销售人员最终"占用"和"转化"形成的信息优势越丰富。另一方面，正如前文所提到的，信息优势能够帮助个体/组织提高工具性行为的效率和效用（Grannovetter，1973；Lin，1999b；Burt，1995），在同辈竞争中获得比较

优势（Sandefur et al.，1998），从而改善销售人员的行为绩效和结果绩效。因此，本研究提出以下假设：

H5：信息优势在连带强度到（a）行为绩效和（b）结果绩效的影响中发挥中介作用。

其次，社会网络的影响优势也在连带强度对销售绩效的影响中发挥中介作用。

一方面，连带强度会对影响优势产生正向影响。根据行动者之间关系久暂、互动频率、情感强度和互惠程度的高低，行动者之间的连带分为强连带和弱连带（Granovetter，1973）。弱连带能够使行动者接触到自身所处社会网络之外的资源，而强连带更善于利用和转化嵌入在自身所处社会网络之中的资源（Granovetter，1982）。Bian（1997）就认为，虽然弱连带在资源获取方面具有优势，但强连带的影响力更大，资源利用比资源获取难度更大。连带的强度越大，潜在的影响力越强。因此，强连带对创新绩效的影响更为显著（Burt，2005；Obstfeld，2005；Cowan et al.，2008）。在销售情境中，销售人员与网络成员的连带强度越大，销售人员控制和影响网络成员的能力越强。另一方面，影响优势会正向影响销售人员绩效。影响优势是指行动者影响他人（Coleman，1990）并不受他人影响的能力（Burt，1992）。然而，行动者不受他人影响的同时也会减弱自己在代表他人利用资源方面的能力（Arnold et al.，1995），因此，本研究中的影响优势主要指影响他人的能力，即利用他人资源开展有利于自己的行动的能力（Sandefur et al.，1998）。本研究认为，影响优势正向影响行为绩效和结果绩效。原因如下：第一，影响优势能够帮助行动者提高办事效率，实现既定目标（Adler et al.，2002）。在销售情境中，影响他人的能力能够帮助销售人员影响自我中心网内其他行动者的态度和行为。例如劝说网络内的行动者购买保险产品，或者利用行动者的关系和资源完成销售目标。第二，影响优势的作用已经在实证研究中得到证实，例如，这种影响力能够使部分议员在法案的审查过程中施加更大的影响力（Coleman，1988），

从而使法案顺利通过；帮助经理在控制和管理项目方面获得更大的权利
（Burt，1997）；帮助员工尽快地提升到主管阶层（Brass，1984）；或者使
经理延长任职年限（Allen et al.，1982）。综上所述，连带强度会正向影
响影响优势，影响优势会正向影响销售绩效，因此，本研究提出以下假设：

H6：影响优势在连带强度到（a）行为绩效和（b）结果绩效的影响
中发挥中介作用。

最后，社会网络的友谊优势也在连带强度对销售绩效的影响中发挥中
介作用。

一方面，连带强度影响友谊优势。强连带是指认识时间较长、交流频
率较高、亲密程度和互惠程度较高的社会关系。行动者之间的连带强度越
强，相互交流和相互了解的机会越多，双方建立友谊的可能性越大。同
时，强连带和友谊优势的关系也在实证研究中得到了证明。Dwyer 等
（1987）发现，强连带能够增进网络内行动者之间的相互了解。Coleman
（1988）指出，强连带能够促进双方建立共同的目标。Kraftcraft（1992）
也指出，在不确定性情境下，强连带能够减少并安抚行动者的抵抗情绪。
Stanki 等（2007）也认为，强连带能够增进双方的信任和承诺。另一方
面，友谊优势能够帮助改善销售人员的行为绩效和结果绩效。原因如下：
第一，个体层面的友谊能够产生社会支持和安慰（Pearlin，1989，Cohen
et al.，1985；House et al.，1988；Lin et al.，1986）。在销售情境之中，与
组织外人员之间的友谊能够帮助销售人员得到足够的、与销售活动相关的
社会支持，从而使销售活动顺利进行。例如，销售人员组织外社会网络中
的朋友会直接从他们那里购买产品，或者通过自己的网络连带为他们介绍
销售人员接触不到的潜在客户。这些组织外朋友也会在销售人员遇到情感
性问题时向他们提供支持和安慰，最终帮助销售人员在同辈竞争中取得更
好的销售绩效。第二，友谊优势能够使销售人员从琐碎事务之中解放出
来，从而更为合理地利用时间和精力，顺利完成设定目标（Sandefur et
al.，1998）。此外，友谊优势对个体情感性行为和工具性行为的正面促进

作用已经在其他研究领域实证研究中得到证实，例如升职研究（Boxman et al.，1991）、创新研究（Tsai et al.，1998）和企业生存和发展研究（D'Aveni et al.，1993；Uzzi，1999）。

综上所述，本研究认为，销售人员的组织外连带能够帮助他们提高组织内的合作行为和组织外的销售活动，从而在同辈竞争中脱颖而出，取得更好的行为绩效和结果绩效。因此，本研究提出以下假设：

H7：友谊优势在连带强度到（a）行为绩效和（b）结果绩效的影响中发挥中介作用。

3.4.2.3　中介中心性、资源优势和销售人员绩效

虽然中介中心性会对销售人员绩效产生直接的正向影响，社会网络的信息优势和影响优势会分别在中介中心性对销售绩效的影响中发挥多重中介作用。

第一，社会网络的信息优势会在中介中心性对销售绩效的影响中发挥中介作用。一方面，中介中心性会正向影响信息优势。在自我中心网中享有高中介中心性的结构位置位于连接其他行动者的交流通道上（Shaw，1954），而处于这个结构位置的行动者能够通过阻碍或扭曲信息来影响网络中的其他行动者（Freeman，1979）。这就是 Freeman（1979）提出的控制信息和交流的优势。另一方面，信息优势能够帮助个体/组织提高情感性和工具性行为的效率和效用（Grannovetter，1973；Lin，1999b；Burt，1995），在同辈竞争中获得比较优势（Sandefur et al.，1998），从而改善销售人员的行为绩效和结果绩效。因此，本研究提出以下假设：

H8：信息优势在中介中心性到（a）行为绩效和（b）结果绩效的影响中发挥中介作用。

第二，社会网络的影响优势也会在中介中心性对销售绩效的影响中发挥中介作用。一方面，中介中心性影响优势。原因如下：第一，中介中心性带来的控制信息和交流的优势逐渐发展成为权力和影响力（Burt，

2001），因为根据资源依赖理论，权力来自对资源的控制（Hickson et al.，1971；Salancik et al.，1977）。第二，作为重要且多维的网络结构维度，中介中心性能够衡量网络行动者拥有的影响力和控制力（Wasserman et al.，1994）。因此，具有高中介中心性的网络行动者能够享有非授权性质的权力和影响力（Krackhardt et al.，1993；Krackhardt et al.，1990），以及最高程度的社会支持。另一方面，正如前文所提到的，影响优势能够帮助行动者提高办事效率，实现既定目标（Adler et al.，2002）。在销售情境中，影响他人的能力能够帮助销售人员影响自我中心网内其他行动者的态度和行为，例如劝说网络内的行动者购买保险产品，或者利用他们的关系和资源完成销售目标。

因此，具有高中介中心性的中国销售人员正处于信息交流的关键位置上，因而享有将其他行动者联系在一起、限制其他行动者之间的交流和信息流动的中介作用（Burt，1992），并最终能够影响他们外部社会网络中"他我"的态度和行为。因此，本研究提出以下假设：

H9：影响优势在中介中心性到（a）行为绩效和（b）结果绩效的影响中发挥中介作用。

需要说明的是，不同社会网络特征带来的资源优势有所差异（Sandefur et al.，1998）。销售人员的组织外社会网络能够为个体销售人员带来大量的信息优势和影响优势，却不能为个体销售人员带来友谊优势。中介中心性是指个体连接未相连节点的程度，衡量的是个体阻碍信息流动的能力（Freeman，1979）和个体作为媒介者的能力（罗家德，2010）。享有高中介中心性的行动者能够控制、阻碍或扭曲信息，从而影响网络中的其他行动者（Freeman，1979），拥有权力和影响力（Salancik et al.，1977）。因此，处于信息交流关键位置上的行动者能够促进或者限制其他行动者之间的交流和信息流动（Burt，1992），提高行动者情感性或工具性行为结果的效率和效用。此后，Burt（2004）进一步指出，享有高中介中心性、占据连接位置的个体比缺乏高中介中心性的行动者、位于连接位置之外的个体拥有更多的社会资本。具体说来，这种社会资本为拥有桥连带的个体带来两种优势：信息优势和控制优势。信息优势是指拥有桥连带的个体为其他行动者带来获得更多非冗余信息和机会的路径。控制优势是指拥有桥连带的个体通过决定选择连接哪方不相识的个体、选择实现某方利益而获得的权力。

享有高中介中心性的销售人员个体实际上是一个"中介"，主要通过控制信息和信息的连接路径的"开关"而获取优势和利益（Corra et al.，2002）。这种"中介"通常带有极强的目的性，如果不能从中获取利益，销售人员便会自动终止信息和信息的连接路径；如果可能获取的利益丰厚，销售人员会以极大的热情投入信息的传播和信息路径的搭建工作中，以获得销售绩效的提升。由于"中介"的逐利性过于显著，即使销售人员与网络成员交往频繁、交流顺畅，由于双方之间缺乏信任，友谊的建立较为艰难。由于信任和友谊缺失，在实证研究中，中介中心性对个体/组织绩效的影响作用研究结果差异巨大，甚至相互冲突。中介中心性与个体/组织绩效之间的关系部分表现为正相关，部分表现为不显著，甚至部分研究结果显示，中介中心性与绩效负相关。中介中心性的实证研究结果差异实际上与中介中心性强调"中介"却缺乏信任的特征息息相关。

中介中心性对销售人员绩效的影响研究具有重要的研究意义，然而，由于本研究主要研究销售人员组织外社会网络特征对个体带来的资源优势，而非为个体带来的潜在风险和危害。因此，本研究没有讨论中介中心性对友谊优势可能造成的不显著甚至负向的影响，没有建立中介中心性对友谊优势的假设。

3.5　本章小结

在对相关研究文献回顾的基础上，本研究初步构建了销售人员组织外自我中心网的网络规模和连带强度，资源优势的信息优势、影响优势和友谊优势，以及销售人员的行为绩效和结果绩效之间的结构关系，并建立了具体的结构模型和关系假设。结构模型见图3.2，关系假设见表3.1。

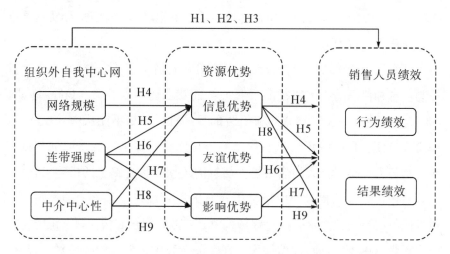

图3.2　组织外自我中心网、资源优势和销售人员绩效结构模型

注：考虑到模型简洁性，控制变量未包含在图内。

表3.1　关系假设汇总

假设	自变量	中介变量	因变量
H1a 和 H1b	网络规模	无	行为绩效和结果绩效
H2a 和 H2b	连带强度	无	行为绩效和结果绩效
H3a 和 H3b	中介中心性	无	行为绩效和结果绩效
H4a 和 H4b	网络规模	信息优势	行为绩效和结果绩效
H5a 和 H5b	连带强度	信息优势	行为绩效和结果绩效
H6a 和 H6b	连带强度	影响优势	行为绩效和结果绩效
H7a 和 H7b	连带强度	友谊优势	行为绩效和结果绩效
H8a 和 H8b	中介中心性	信息优势	行为绩效和结果绩效
H9a 和 H9b	中介中心性	影响优势	行为绩效和结果绩效

4 研究方法设计

本章共分为 3 节。第 1 节给出了概念模型和关系假设中各个构念的测量量表。这些构念包括网络规模、连带强度、中介中心性三个前置变量，社会网络资源优势的信息优势、影响优势、友谊优势三个中介变量，销售绩效的行为绩效和结果绩效两个结果变量，以及销售人员的性别、年龄、受教育程度、工作年限和工资结构五个控制变量。第 2 节阐述了本研究的实证研究设计，包括样本来源和问卷调查设计。第 3 节提出了本研究的数据分析设计。

4.1 测量量表

4.1.1 网络规模

网络规模（network size）是指网络中成员或连带的数量。对自我中心网来说，销售人员组织外自我中心网络的网络规模主要有三种衡量方式：一是被调查者自我中心网中"他我"的数量（number of alters），即不包括"自我"的数量（Burt，1985）；二是自我中心网中所有节点的数量（number of nodes），即包括"自我"的数量（Hanneman et al.，2005）；三是图式理论所认为的自我中心网中所有连带的数量（number of edges）（Hanneman et al.，2005）。本研究采取第一种方式测量销售人员外部自我中心网的规模，原因在于这种测量方式是自我中心网网络规模最普遍、最稳定的测量方式。

　　虽然有学者指出，用自我中心网中所有连带的数量来测量网络规模，比用采取自我中心网中"他我"的数量或"节点"的数量得出的网络规模较大，带来的资源也较多。但这样的测量方式会和网络的中心性有所重叠，因而可能会出现因子之间的交叉载荷问题。因此，本研究中的网络规模是指被调查者自我中心网中所有节点的数量。

　　在问卷设计中，本研究运用（Burt，1985，1992）的提名生成法调查销售人员的组织外自我中心咨询网。在问卷中，本研究让被调查组列举"与您经常讨论您工作方面问题的，或者您在工作遇到问题时会咨询或求助的公司外的家人或朋友"。为了保护被调查者隐私、提高被调查者配合程度，本研究允许被调查者只写出这些家人或朋友的简称或昵称。同时，为了降低问卷填写难易程度、提高问卷填写效率，本研究要求每位被调查组写出五位以上、十位以下的网络成员。由此，被调查者填写的网络成员数量便是本研究中销售人员自我中心网的网络规模。

4.1.2　连带强度

　　连强带度（tie strength）是指行动者之间的关系久暂、互动频率、亲密程度和相互之间的互惠行为（Granovetter，1973）。根据关系久暂、互动频率、亲密程度和互惠行为四个维度，行动者之间的连带强度分为强连带和弱连带。在被调查者填写他们的组织外自我中心网后，本研究根据这四个维度，了解被调查者与其网络成员之间的连带强度。

　　四个维度中，关系久暂、互动频率和亲密程度是在实证研究中广泛采用的维度，并发展出特定指标，列入美国一般社会调查之中（Marsden et al.，1984）。这三个维度目前已经成为连带强度测量中应用最为广泛的测量指标。同时，罗家德（2010）对这三个维度在中国文化背景下的适用性进行了检验，结果发现亲密程度是影响中国人连带强度的重要维度。关系久暂对中国人之间的连带强度具有一定影响，但互动频率并不是影响中国人之间连带强度的重要维度，因为一段时间内高频率的互动并不能说明双方关系的强度。然而，本研究仍然将互动频率这一维度包括在连带强度之中，以保持连带强度维度的完整性，同时也希望再次验证互动频率在中国文化背景下的适用性。

虽然 Grannovetter（1973）也提出了互惠行为，但这一维度却很少出现在实证研究之中（Burt，1984，1985；Marsden et al.，1984；Hansen，1999；Levin et al.，2004；Luo，2010）。本研究将互惠行为包括在内，是因为在"报"（bao）这种传统中国文化的影响下（罗家德，2010），中国人之间的交换关系包括工具性交换和情感性交换（杨宜音，1995），具有强烈的交换色彩（Hwang，1987）。而 Grannovetter（1973）的互惠内容正是"报"这种交换关系，即家人、朋友之间工具性和情感性关系中相互帮助和相互支持特征的体现。中国情境中"报"的色彩尤为突出（Hwang，1987）。由此，本研究将互惠行为这一维度包括在了连带强度的测量之中。

在问卷中，本研究要求被调查者回答关于他们与上一题所填写的组织外社会网络成员之间的连带强度。本研究选用 Burt（1985）、Hansen（1999）以及 Levin 和 Cross（2004）的题项来测量关系久暂、互动频率和亲密程度，采用 Stanko 等（2007）的题项测量互惠行为。所有题项都经过了双向互译和词语改动两个过程：本研究首先将原英文题项翻译成中文，然后请不同的翻译者将中文题项再次翻译成中文，之后将原英文表述与翻译后的英文表述进行对比，修正语意表达有差异的单词、短语或句型，并且根据研究背景增加了与被调查者销售工作相关的背景提示词语。本研究采用五点李克特量表，要求被调查者根据题项陈述，在"1=非常不同意"和"5=非常同意"之间进行选择。连带强度测量题项见表4.1。

表 4.1　连带强度测量题项

维度	编码	题项	来源
关系久暂	TS1	你们认识多久了？	Burt（1992）
交流频率	TS2	你们多久交流一次？	Burt（1992）
亲密程度	TS3	你和他/她的关系有多亲密？	Hansen（1999）
互惠行为	TS4	你们交流过程中出现的任何问题都由双方共同解决，绝不会只有一方承担责任	Stanko 等（2007）
	TS5	你们双方都承诺会一直保持良好的关系，互相帮助，互惠互利	

4.1.3　中介中心性

自我中心网的结构特征是指自我所处的结构位置。结构特征也会对销售人员绩效产生影响（罗家德，2010）。在问卷设计中，本研究请被调查者根据他们在第一题中所列出的组织外社会网络成员，在表格中填写这些人之间彼此的熟悉程度。同样，本研究采用五点李克特量表衡量组织外社会网络成员之间的彼此熟悉程度，熟悉程度从"1＝完全不认识"到"5＝非常熟悉"。通过填写网络成员彼此之间的熟悉程度，本研究可以得到销售人员组织外自我中心网的结构特征。

本研究采用中介中心性（betweenness centrality）作为前置变量。我们采用中介中心性而不是程度中心性（degree centrality）或接近中心性（closeness centrality）的原因在于，虽然程度中心性是中心性中的重要指标，但自我中心网中的程度中心性与自我中心网的网络规模有所重合（Marsden，2002）。由于本研究已经将自我中心网的网络规模囊括在内，因此，程度中心性不在本研究备选范围之内。接近中心性是指通过最小的路径到达特定行动者的能力。但接近中心性与本研究的研究思路和目的不一致。中介中心性可以测量行动者在自我中心性网中所拥有的信息控制能力。中介中心性的优势和本研究的重点一致。因此，本研究选取自我中心网的中介中心性，阐释"自我"中介中心性对资源优势和销售人员绩效的影响。

自我中心网中中介中心性指标的测量方式和整体网中中介中心性指标的测量方式有所差异。自我中心网（egocentric network 或 ego network）由主要行动者，即"自我"和与"自我"联系在一起的行动者——"他我"所组成（Wasserman et al.，1994）。而整体网（sociocentric network 或 whole network）则是具有完整边界的群体或组织内部行动者之间的联系网络（罗家德，2010）。因此，自我中心网的结构和整体网的结构具有差异，自我中心网结构特征的计算方式和整体网结构特征的计算方式也有所不同（Borgatti et al.，1999；Marsden，2002；Everett et al.，2005）。

因此，根据 Borgatti 等（1999）提出的自我中心网特征，本研究采用 Everett 和 Borgatti（2005）建议的方式计算销售人员自我中心网的中介中心性。该测量指标关注自我中心网中通过"自我"的、几何距离为 2 的路径。几何距离为 1 的路径与中介中心性无关，所以没有被考虑在内。Everett 和 Borgatti（2005）认为，经过简单的邻近矩阵计算，本研究可以得到连接"他我"i 和"他我"j 的几何距离为 2 的路径数量。因此，本研究将销售人员组织外自我中心网中"自我"和"他我"之间的关系用邻近矩阵进行数据录入，其中"1＝完全不认识"和"2＝不熟悉"在邻近矩阵中表示为 0，说明两位网络成员之间没有联系路径；"3＝一般""4＝比较熟悉"和"5＝非常熟悉"在邻近矩阵中表示为 1，说明两位网络成员间拥有联系路径。得到每位被调查者的邻近矩阵后，本研究根据以下公式计算他们的中介中心性：

$$自我中心网中介中心性 = A^2\left[1-A\right]_{i,j}$$

其中，A 指的是自我中心网的邻近矩阵，1 指的是与 A 的行列数相同但所有元素均为 1 的矩阵（所有元素均为 1 的 $i{\times}j$ 矩阵）。

关于中介中心性是否需要标准化，以便于网络间对比和比较的问题，不同学者发表了不同见解。大部分学者采用 Burt（1985）的观点（罗家德，2010），认为经过标准化过程的中心性能够减少因网络规模差异而造成的误差，从而便于进行不同规模网络间的比较。然而，Everett 和 Borgatti（2005）认为，对自我中心网来说，标准化中心性分数可能会带来其他方面的问题：第一，中心性指标的用途和意义决定了标准化过程的无意义。中心性指标的目的在于了解"自我"在网络中的地位和权力。网络中"他我"的数量越多，"自我"与网络外部行动者之间的联系可能越大。而中心性标准化则会使"他我"数量这一关键信息消失。因此，中心性标准化在自我中心网中不可取。第二，中心性标准化方式没有统一的标准。中心性标准化方式之一是中心性分数除以自我中心网的网络规模，方式之二是中心性分数除以整体网的网络规模。如果除以自我中心网规模，每个"自我"都从同一个整体网中建立网络，每个自我中心网都除以自己的网络规模，最后造成标准化方式的差异，不同自我中心网之间的比较也就失去了意义。如果除以整体网规模，那么遇到的问题是，要么整体网的规模未知（例如，消费者网络研究之中消费者的整体网规模是研究者未知的，因为消费者网络研究只需要了解网络中 20% 的消费者，就可以预测网络中其他消费者的态度和行为，具体信息请参考 Van Den Bulte 2010 年编著的书籍 *The Connect Customer*），要么整体网中的社会连带最大值未知。因此，Everett 和 Borgatti（2005）建议，由公式计算出的中心性分数可以不经过标准化过程。

在本研究中，由于销售人员的社会网络是组织外自我中心网，每个销售人员的自我中心网中包含的行动者都不相同，也和销售人员在组织内部的整体网没有太大联系，所以整体网规模和最大值未知的情况对中心性标准化计算的无意义没有任何影响。因此，本研究加入中介中心性标准化这一过程。标准化后的中介中心性计算公式如下：

标准化的自我中心网中介中心性 $= A^2 \left[1-A\right]_{i,j} / (M-1)(M-2)$

其中，A 指的是自我中心网的邻近矩阵，1 指的是与 A 的行列数相同但所有元素均为 1 的矩阵（所有元素均为 1 的 $i×j$ 矩阵），M 指的是个体自我中心网中所有成员的数量（包括"自我"）。

4.1.4　资源优势

资源优势包括三个维度：信息优势、影响优势和友谊优势。信息优势是指行动者获取并利用多种信息资源的优势。本研究选用 Mathwick 等（2008）的三个题项测量信息优势（$\alpha = 0.87$）。

影响优势是指行动者控制影响他人态度和行为的优势。本研究选用 Pullins 等（1996）的十个题项测量社会网络的影响优势（$\alpha = 0.70$）。其中，4 个题项是反向计分题。反向计分题中的否定词语在问卷中以黑体字表示，以提醒被调查者题目语言的改变。

友谊优势是指行动者之间、独立于任何单独交易的信任和承诺的优势。本研究选用 Price 等（1999）的六个题项测量友谊优势（$\alpha = 0.85$）。其中，一个题项是反向计分题。

和互惠行为的题项一样，所有题项都经过了双向互译和词语改动两个过程，同时采用五点李克特量表，要求被调查者根据题项陈述，在"1 = 完全不符合"和"5 = 完全符合"之间进行选择。社会网络的信息优势、影响优势和友谊优势各题项见表 4.2。

表 4.2　资源优势测量题项

维度	编码	题项	来源
信息优势	IFO1	我的社会网络提供了很多有价值的客户信息和销售信息	Mathwick 等（2008）
	IFO2	我的客户信息和销售信息很多都来自我的社会网络	
	IFO3	我的社会网络具有独特的价值	

表4.2(续)

维度	编码	题项	来源
影响优势	IFU1	我对大多数事情都很自信,很多时候都能够主动地与别人交流	Pullins 等(1996)
	IFU2	我可以很容易地与别人交朋友,并保持朋友关系	
	IFU3	在和好几个人交谈时,我不能很好地引导谈话的方向(反向计分)	
	IFU4	我可以很容易地和我觉得有吸引力的人保持密切的关系	
	IFU5	当别人采访我时,我可以很容易地引导他们讨论我希望讨论的问题,回避我不希望讨论的问题	
	IFU6	当我需要帮助来完成自己的任务时,我很难能说动别人来帮助我(反向计分)	
	IFU7	我总是可以计划和别人见面	
	IFU8	我一般很难向别人解释清楚我的想法(反向计分)	
	IFU9	我尝试着解决矛盾和争论,但经常使事情变得更糟(反向计分)	
	IFU10	我可以很容易地在小组讨论中发挥重要的作用	
友谊优势	SLI1	我喜欢和朋友们交谈	Price 和 Arnould(1999)
	SLI2	我非常友善	
	SLI3	我尝试着和客户建立个人关系	
	SLI4	我能够让周围的人感到愉快	
	SLI5	我不会把客户当成具有特别要求和希望的朋友(反向计分)	
	SLI6	客户们都非常喜欢我的性格和脾气	

4.1.5 销售绩效

销售绩效有两种测量方法:客观测量方法和主观测量方法。客观测量方法是采用销售人员的客观销售数据来测量其销售绩效,而主观测量方法是由各种渠道人员对被调查者进行主观评价。由于客观销售绩效涉及公司商业秘密，本研究不能收集到销售人员的客观销售数据。因此，本研究采用主观测量方法中的自我报告法（self-report）测量销售人员的销售绩效。虽然自我报告法是一种较为主观的评价方法，调查结果会不可避免地产生一定的误差，但这种误差不会随着被调查者的不同而产生系统性的差异，因此仍然具有很高的可信度。同时，实证结果表明，自我报告法主观测量方法并不会增加因变量和自变量间的相关性，且可以提供和客观测量方法相同的结果（Churchill et al., 1985）。而通过销售人员自我评价的方式测量销售绩效也不会产生显著的上偏误差（Churchill et al., 1985）。因此，本研究采用销售人员自我报告法来测量销售人员绩效。

销售绩效包括两个维度，即行为绩效和结果绩效（Churchill et al., 2000；李晶晶 等，2007）。本研究首先考虑 Behrman 和 Perreault（1982）开发的销售绩效量表（$\alpha = 0.93$）。该量表包括五个维度，共 31 个题项。其中，销售目标维度属于结果绩效，技术知识、提供信息、费用控制和销售展示属于行为绩效。很多实证文章采用 Behrman 和 Perreault（1982）的量表测量销售绩效。其中，部分研究采用完整的、包括 31 个题项的量表，没有对题项进行任何删减（Behrman et al., 1984；Joshi et al., 2001），部分量表根据研究内容，筛选出了部分题项（例如，Deeter-Schmelz et al., 2010；Fang et al., 2004；Baldauf et al., 2002；Sujan et al., 1994；Ingram et al., 1991）。虽然 Behrman 和 Perreault（1982）的销售绩效量表具有较高的信度和效度，然而，该量表题项数量较多。

考虑到被调查者的时间成本和数据可靠性，本研究采用 Ingram 等（1991）的方式（$\alpha = 0.78$），将 Behrman 和 Perreault（1982）的量表缩减为 13 个题项。这 13 个题项中，前 7 个题项属于销售目标维度，主要测量销售人员的结果绩效；后 6 个题项属于技术知识、提供信息、费用控制和销售展示维度，主要测量的销售人员的行为绩效。13 个题项均采取五点李克特量表。销售人员根据自己的实际情况，对销售绩效相关陈述做出"1＝完全不符合"到"5＝完全符合"的选择。该量表同样经过了双向互译和词语改动过程，使题项陈述更为符合中文的用语习惯。行为绩效和结果绩效测量题项见表4.3。

表4.3 行为绩效和结果绩效测量题项

维度	编码	题项	来源
行为绩效	BEP1	我和管理层的交流很顺畅，并且能够为他们提供有价值的信息	Ingram 等（1991）
	BEP2	我能够和顾客保持良好的关系	
	BEP3	我能够为顾客和公司同事提供准确的信息	
	BEP4	我在对客户的销售展示方面做得很好	
	BEP5	我能够有效地控制销售支出、管理销售时间	
	BEP6	我能够了解顾客的需求，以及我和竞争对手所销售的保险产品	
结果绩效	OUP1	我为公司在特定销售区域取得了非常高的市场份额	Behrman 和 Perreault（1982）
	OUP2	我在销售公司保险产品时取得了最高的利润	
	OUP3	我得到了大笔的保险销售额	
	OUP4	我可以很快地销售公司的新保险产品	
	OUP5	我这一年内完成并超过了所在销售区域的销售目标	
	OUP6	我在负责的销售区域内可以找出大客户	
	OUP7	我得到了具有长期价值的大笔保险销售额或一连串保险销售合同	

4.1.6 控制变量

为了控制其他可能的变量对销售人员的行为绩效和结果绩效造成的影响，本研究控制了与被调查者相关的人口统计学变量和经济类变量。这些变量包括销售人员的性别、年龄、受教育程度、工作年限和工资结构。其中，销售人员的工资收入结构是本研究中的重要经济类变量。本研究主要研究销售人员的外部社会网络对其销售绩效的影响，研究重点在于讨论与销售人员相关的非经济变量对其销售绩效的影响，因此，在这样的研究背景下，控制可能对销售绩效产生重要影响的经济变量就显得尤为重要。本研究中的工资结构就是这样的经济类变量。具体来说，工资结构指的是销售人员的工资构成，即基本工资与销售提成的比例。如果基本工资较低，销售提成所形成的金钱刺激会相对减弱，对销售人员产生的促进作用也会降低。因此，销售人员的工资结构成了本研究的重要控制变量之一。本研究根据销售人员的性别、年龄、受教育程度、工作年限和工资结构，设计了五点李克特量表，让被试根据自己的实际情况，对各个控制变量做出选择。具体体现见表4.4。

表 4.4　控制变量

变量类别	具体选择			
性别	男		女	
年龄	24 岁以下	24~34 岁	35~44 岁	45~54 岁	54 岁以上
受教育程度	初中及以下	高中	专科	本科	研究生及以上
工作年限	<1 年	1~3 年	4~7 年	8~12 年	>12 年
工资结构	≤底薪 1 000 元+提成	≤底薪 1 500 元+提成	≤底薪 2 000 元+提成	≤底薪 2 500 元+提成	≤底薪 3 000 元+提成

4.2　研究样本

4.2.1　样本来源

本研究样本为中国西南地区保险业销售人员。原因如下：

首先，保险业属于服务性行业。在服务性行业之中，销售人员的顾客服务导向（customer orientation）和关系营销导向（relationship marketing orientation）发挥着重要的作用（Yoon et al., 2007；Sin et al., 2002）。顾客服务导向和关系营销导向都极为强调销售人员与销售经理之间、销售人员与客户之间以及销售人员之间的关系和联系。保险业重视关系和连带的特质与外部网络视角和当代销售绩效研究重心相切合。

其次，近年来，中国西南地区经济发展迅速，人民生活水平逐年提高。由此，人民群众对保险等服务性产品需求逐年增大。保险产品需求的增加也促使实务界和学术界针对保险销售人员绩效展开更加深入的调查与研究。

最后，中国保险业潜力巨大，但问题突出。2013 年，中央财经大学发布的《2013 中国保险公司竞争力评价研究报告》显示，中国保险行业目前为止共有 47 家财产险公司和 47 家人身险公司。据中国保监会（CIRC）估计，2013 年 1—10 月全国各地区保险保费收入已经达到 1.4 万亿元，其中财产保险保费达到 5 072 万亿元，人寿保险保费达到 8 218 万亿元。德勤中国也指出，中国人寿保险、中国人民财产保险、中国平安保险、中国太平洋保险和中国太平保险五大本土保险公司成功在国内外市场启动首发上市。从增长势头、保险密度或保险渗透率等指标综合衡量，中国保险市场发展迅速、增长潜力巨大。

然而，中国保险行业面临销售人员之间绩效差异巨大、离职率居高不下、机会主义行为攀升等问题。由于保险产品的服务属性，保险公司过度依赖"人海战术"，雇佣大量销售人员、实行高佣金制度。然而，"人海战术"和高佣金制度带来大量潜在问题。在保险增员难问题突出的情境下，保险公司使出浑身解数，招聘销售人员，充实销售队伍。在招聘信息刺激下，大量应聘人员投身于保险销售队伍之中。Hunter 等（1990）在分析员工绩效平均值标准差中，发现营销人员的绩效标准差差异最大。其中，保险营销人员的标准差差异达到了 120%。据中国保险行业业内人士估计，中国保险行业销售人员之间绩效差异也达到 100%。早在 35 年前，美国保险业研究计划就估算出，销售代表第一年内的离职率超过 50%，前三年内的离职率接近 80%（Landau et al., 1995）。在中国，保险行业销售人员离职率情况同样不容乐观。在招聘、流失、再招聘、再流失的恶性循环之中，公司浪费了大量时间、金钱、资源，而销售人员、销售团队和整个公司的业绩仍然在低水平运行。更为严重的是，在绩效差异巨大和高离职率背景下，销售人员的机会主义行为几率增加。通过研究保险销售人员个体社会网络对其销售绩效的影响，本研究可以探寻优秀销售人员的社会网络特征，确定网络特征对其销售绩效的影响机制。在此基础上，本研究能够诊断、分析、预测销售人员的销售潜力和销售绩效，从而为保险销售人员招聘提供有效的甄选工具，也为销售管理提供社会网络分析工具。

由此，本研究选择中国西南地区保险行业作为实证研究背景，展开问卷调查与分析。通过随机抽样，本研究通过电话和邮件等方式联系了中国四川省两个城市（成都和广元）的七家人寿保险公司。这七家保险公司分别是：中国平安保险公司四川分公司；中国太平人寿保险公司四川分公司；中国阳光保险公司四川分公司；中国平安保险公司广元分公司；中国人寿保险公司广元分公司；中国阳光保险公司广元分公司；中国生命人寿广元分公司。最终，三家保险公司同意在其保险销售人员之中进行调查。这三家保险公司分别是：中国太平人寿保险公司四川分公司；中国阳光保险公司广元分公司；中国人寿保险公司广元分公司。

4.2.2 问卷调查设计

4.2.2.1 问卷设计

调查问卷是一种以书面形式了解被调查对象的反应和看法，并以此获得资料和信息的载体。因此，调查问卷在实证研究中发挥着重要作用。本研究根据概念模型中各个构念的测量量表，自行设计调查问卷作为实证研究工具。许正良（2004）提出，调查问卷表的所有方面都应该测试，包括提问内容、提问措辞、提问次序、提问布置、提问难度以及提问指示说明等。同时，测试中所选择的反应者应该与将来真实调研中要选择的反应者在背景特征及主题熟悉程度等方面类似，即做测试的反应者和做真实调研的反应者都来自相同的样本总体。在此基础上，本研究问卷设计分三个阶段展开。

第一阶段，深度访谈。形成基本调查问卷后，本研究从三家保险公司内选取了三名从事保险销售工作的保险销售人员参加深度访谈。深度访谈以半结构性访谈为框架，鼓励引导访谈参与者进行开放式讨论（open-ended discussion）。我们预设的主要研究问题共分为三部分：第一部分为研究模型中各变量的操作性定义，其目的是使研究模型中各个变量的内涵具体化，并统一受访者对各变量概念的认知。第二部分为研究模型中各变量关系的叙述，通过开放式问题询问受访者以实际工作经验如何看待这些变量的关系，并提出相应建议。第三部分为受访者的基本资料，通过受访者年龄、受教育程度、工作经验等变量了解这些控制变量对销售绩效的潜在影响。访谈结果初步确认了本研究提出的概念模型、相关变量和研究假设。

第二阶段，问卷内容和结构调整。基础问卷形成之后，针对问卷的内容和结构，作者与教授、博士研究生进行多次探讨，对问卷的具体内容和结构安排进行修正。同时，作者与教授、博士生以及人寿保险公司销售经理就问卷措辞和语意表达进行讨论，改正了表达模糊不清的陈述，删除了带有歧义的语句。

第三阶段，预试与调整。经过较周密的语意排列与组合后，我们将问卷上传到自主开发的社会网络的网络调查软件，准备在保险公司内部进行小样本预试。这个社会网络调查软件能够通过因特网调查被调查者的自我中心网和组织整体网，并将网络信息转换为计算社会网络特征所需要的矩阵数据，从而大大减少社会网络数据输入工作量，提高数据输入效率。然而，进行问卷预试时，销售经理建议，本研究最好放弃邮件调查方式，采用纸质问卷填写。原因如下：首先，本研究中社会网络题项要求被试填写自己组织外自我中心网络中五位以上、十位以下的行动者。这些信息一定程度上属于被试的隐私。同时，调查被试中介中心性的问卷题目设计较为复杂。如果通过邮件进行网络调查，销售人员会根据便利原则，草草填写相关信息；研究得到的数据信息在可靠性方面可能失真。其次，Hall（1976）认为，"高情境文化"（high-context）中的被试喜欢较为亲密的接触方式，"低情境文化"（low-context）中的被试喜欢较为直接、具体的接触方式。这个理论在 Money 等（1998）的实证研究中得到证实，即日本被试更喜欢私人化的参照群体，而美国被试更喜欢正式、非私人化参照群体。因此，我们认为，"高情境文化"中的中国被试更喜欢能够与调查者亲密接触的调查方式。最后，相关文献证明，中国被试在参与纸质问卷填写时，表现出更小的匿名性倾向，也更容易服从调查者的要求和规定（黄光国，1988）。为了保证社会网络数据的可靠性，本研究放弃了邮件调查方式，采用了较为传统但可靠的填写式问卷调查方式。

在预调查阶段，我们邀请了被调查保险公司中的 45 名保险业销售人员参与预调查。我们发放问卷 45 份，剔除无效问卷 8 份，回收有效问卷37 份。针对预调查数据进行的探索性因子分析结果显示，连带强度（KMO = 0.710）、信息优势（KMO = 0.642）、影响优势（KMO = 0.540）、友谊优势（KMO = 0.724）、行为绩效（KMO = 0.704）、结果绩效（KMO = 0.667）的 KMO 值都满足 0.50 的标准（Kaiser，1970），可以用来进行因子分析。在转轴、限定因子个数为 1 的情况下，连带强度、信息优势、友谊优势、行为绩效和结果绩效各题项因子负载基本满足 0.60 的标准，影响优势中部分题项除外。影响优势中部分题项是反向提问形式，因此造成被试回答问题不统一的情况。虽然探索性因子分析中影响优势反向题项数据不够良好，但为了保证量表的完整性，我们仍然在问卷中保留所有题项，并且通过字体加黑表示，提醒被试注意反向提问的方式，期望在正式调查中得到被试对反向题项的正确判断与回答。除了影响优势，探索性因子分析结果显示，该问卷具有较好的信度和效度。预调查探索性因子分析结果见表 4.5。

表 4.5　预调查探索性因子分析结果

维度	编码	题项	因子负载	平均解释方差/%	KMO
连带强度	TS1	关系久暂	0.794	56.104	0.710
	TS3	交流频率	0.439		
	TS2	亲密程度	0.849		
	TS4	你们交流过程中出现的任何问题都由双方共同解决,绝不会只有一方承担责任	0.789		
	TS5	你们双方都承诺会一直保持良好的关系,互相帮助,互惠互利	0.799		
信息优势	IFO1	我的社会网络提供了很多有价值的客户信息和销售信息	0.727	62.407	0.642
	IFO2	我的客户信息和销售信息很多都来自我的社会网络	0.844		
	IFO3	我的社会网络具有独特的价值	0.795		
影响优势	INFE1	我可以很容易地和我觉得有吸引力的人保持密切的关系	0.726	27.839	0.540
	INFE2	当别人采访我时,我可以很容易地引导他们讨论我希望讨论的问题,回避我不希望讨论的问题	0.602		
	INFE3	当我需要帮助来完成自己的任务时,我很难能说动别人来帮助我。(反向计分)	0.125		
	IFU4	我总是可以计划和别人见面	0.450		
	IFU5	我一般很难向别人解释清楚我的想法(反向计分)	0.487		
	INFE6	我尝试着解决矛盾和争论,但经常使事情变得更糟(反向计分)	0.665		
	IFU7	我可以很容易地在小组讨论中发挥重要的作用	0.550		
	INFE8	我对大多数事情都很自信,很多时候都能够主动地与别人交流	0.688		
	INFE9	我可以很容易地与别人交朋友,并保持朋友关系	0.466		
	IFU10	在和好几个人交谈时,我不能很好地引导谈话的方向(反向计分)	-0.070		

表4.5(续)

维度	编码	题项	因子负载	平均解释方差/%	KMO
友谊优势	SOLI1	我喜欢和朋友们交谈	0.491	47.455	0.724
	SLI2	我非常友善	0.779		
	SLI3	我尝试着和朋友们建立个人关系	0.866		
	SLI4	我能够让周围的人感到愉快	0.723		
	SLI6	我不会把客户当成具有特别要求和希望的朋友（反向计分）	-0.264		
行为绩效	BEP1	我和管理层的交流很顺畅,并且能够为他们提供有价值的信息	0.820	45.899	0.704
	BEP2	我能够和顾客保持良好的关系	0.734		
	BEP3	我能够为顾客和公司同事提供准确的信息	0.727		
	BEP4	我在对客户的销售展示方面做得很好	0.746		
	BEP5	我能够有效地控制销售支出、管理销售时间	0.582		
	BEP6	我能够了解顾客的需求,以及我和竞争对手所销售的保险产品	0.343		
结果绩效	OUP1	我为公司在特定销售区域取得了非常高的市场份额	0.729	57.738	0.667
	OUP2	我在销售公司保险产品时取得了最高的利润	0.712		
	OUP3	我得到了大笔的保险销售额	0.810		
	OUP4	我可以很快地销售公司的新保险产品	0.654		
	OUP5	我这一年内完成并超过了所在销售区域的销售目标	0.878		
	OUP6	我在负责的销售区域内可以找出大客户	0.649		
	OUP7	我得到了具有长期价值的大笔保险销售额或一连串保险销售合同	0.853		

通过预试,本研究最终形成了正式问卷。正式问卷详见附录一。

4.2.2.2　共同方法偏差的程序控制

共同方法偏差是问卷调查时需要尽力避免的问题。共同方法偏差（common method bias）是指由于测量方式而产生的偏差。具体说来，共同方法偏差是由于相同的数据来源、相同的被试、相同的测试环境、项目语境以及项目本身特征所造成的因变量与自变量之间的人为偏差。从更为抽象的角度来说，这种由于共同的测量方法而产生的偏差是光环效应（halo effects）、社会赞许动机（social desirability）、默许效应（acquiescence）、宽带偏向（leniency effects）和正反向陈述效应（yea-and-nay-saying）的结果（Podsakoff et al.，2003）。这种由测量方式产生的偏差会产生测量误差，进而对研究结果的效度产生严重影响（Nunnally，1978；Spector，1987；Bagozzi et al.，1991；Podsakoff et al.，2003）。在共同方法偏差研究中，Podsakoff 等（2003）发现，共同方法偏差的影响主要集中在两个方面：一是这种偏差会影响测量指标；二是影响各潜变量之间的关系，即对潜变量之间关系的估计值会比两者之间实际的关系更强或更弱。这种关系的增强或减弱在 Cote 和 Buckley（1987）的实证研究中得到了细致的分析。他们发现，大约四分之一（26.3%）的变异是由于共同方法偏差质量的系统误差造成的。虽然在不同学科中，市场营销领域中由共同方法偏差造成的测量误差是最小的（15.8%），共同方法偏差也应该在市场营销的实证研究中得到足够的重视。

克服共同方法偏差有两种途径。第一种途径是程序控制，第二种途径是统计控制。Podsakoff 等（2003）认为，程序控制包括五种方法：从不同途径取得预测变量（predictor variable）和效标变量（criterion variable），通过心理和物理方式分开测量构念，通过匿名方式保护被调查者隐私信息、减少被调查者对问卷的主观认识和评价、转换题项的顺序，以及改善题项措辞以减少问题模糊性。统计控制也包括五种方法：Harman 单因素检测（Harman's single-factor test）、偏相关程序法（partial correlation procedures）、可直接测量的潜变量法（directly measured latent method factor）、不可直接测量的单一潜变量法（single unmeasured latent method factor）、多元因子法（multi-method factors）。

在本研究的正式调查阶段，本研究运用程序控制来消除可能产生的共同方法偏差。本研究通过被调查者匿名填写问卷方式，消除社会期许效应对被调查者可能产生的影响；本研究采取让被调查者填写纸质问卷的调查方式，要求被调查者在足够的时间内完成问卷调查，以此减少被调查者对问卷的主观认识和评价对问卷填写可能造成的影响；本研究的问卷也经过了双向互译过程，尽量减少题项措辞给被调查者带来的困扰。本研究没有从不同途径取得预测变量和效标变量，也没有分开测量变量，原因在于保险公司管理层和保险销售人员填写问卷调查的时间非常有限，针对同一公司销售人员约定不同的时间地点分步完成问卷调查的可能性较小。

同时，本研究通过面访方式确保了网络数据的准确性。正式调查阶段，多名调查人员参加了各个保险公司对销售人员进行的数十次晨会或培训。在晨会或培训结束后，调查人员与被调查者面对面进行交流，取得被调查者的信任。之后，我们向被调查者提供纸质问卷。在被试需要时，调查人员随时上前指导被试正确地填写相关题项。通过这样的问卷调查方式，我们很大程度上保证了问卷回收率，以及问卷中社会网络数据的真实性和准确性。

通过面访调查方式，本研究一共发放 254 份问卷，回收 216 份问卷，问卷回收率为 85%。样本描述性统计性分析详见 5.2。

4.3 数据分析设计

根据研究目的，本研究将运用 SPSS 20.0 和 Smart PLS 2.0 软件对调查数据分别进行数据筛查、描述性统计分析、结构方程模型分析（包括测量模型分析和结构模型分析），以及中介作用检验（包括简单中介路径检验和多重中介模型检验）。

4.3.1 统计方式选择

本研究选用结构方程模型（structural equation model，SEM）来检验本研究提出的模型和假设。结构方程模型是用来检定观察变量和潜变量之间假设关系的多重变量统计分析方法。SEM 是一种理论模型检定的统计方法。与传统回归方程（regression）相比，结构方程模型的优点在于它能够分析不可观察变量（unobservable variable），即潜变量（latent variable），与观察变量（observable variable），即问卷题目（items）之间的关系；剔除随机测量误差，提高整体测量的准确度（Chin，1998）；同时计算多个因变量和自变量之间的关系（Chin，1998）。结构方程模型特别适用于变量之间的中介效应分析。

结构方程模型是验证本研究假设和模型的最佳统计分析方式。原因如下：第一，本研究模型中的大部分变量，包括信息优势、影响优势、友谊优势、行为绩效和结果绩效，都是不可观察变量。在变量测量过程中，测量误差不可避免。因此，采用结构方程模型来建构不可观察变量可以帮助本研究准确估计测量误差的大小和其他参数值，从而提高整体测量的准确度。第二，由于本模型中的变量数量较多（共九个变量），运用结构方程模型能够帮助本研究更准确地解释各个变量之间的关系。

总体来说，结构方程模型有两种估计参数的方式，一种以斜方差矩阵为基础（covariance-based approach），即 CB-SEM；另一种以方差矩阵（或者主成分分析）为基础（variance-based or component-based approach），即 PLS-SEM。EQS、AMOS、SEPATH、COSAN 和 LISREL 等软件采用的是以协方差矩阵为基础的参数估计方式，而 PLS（partial least squares），即偏最小二乘法则是以方差矩阵为基础的参数估计方法（Haenlein et al.，2004）。

与 AMOS 或 LISREL 相比，PLS 具有如下优势：第一，PLS 允许变量为非正态分布，且由于 PLS 的迭代算法为最小二乘法构成，因此不会形成递归模型不能识别的问题。第二，PLS 能够处理小样本数据，以及更复杂的模型。第三，PLS 旨在探讨预测变量与因变量的预测能力之间的显著关系（Chin，1998）。PLS 适用于理论构造和预测。因为 PLS-SEM 同时处理所有的路径系数，因此可以分析直接关系、间接关系以及伪造关系。第四，PLS 允许在整个概念模型中而非独立地估计单个题项的载荷，因此能够帮助研究者避免偏见和不一致的测量。第五，PLS 对数据分布指标的要求更为宽松，能够处理非正态分布数据和只包含一个或两个指标的构念，也能够同时处理反应性指标和形成性指标（Hair et al.，2011；Wetzels et al.，2009）。

本研究选择 PLS-SEM 进行结构方程模型分析。原因如下：第一，本研究模型较为复杂，共包括 13 个变量。其中，模型包括 3 个中介变量，4 个简单中介路径，以及 4 个多重中介模型。模型的复杂性会造成模型在 CB-SEM 中不能被识别的问题。第二，与传统的社会学和管理学构念不同，本研究模型中的两个社会网络构念，即网络规模和中介中心性都是单一指标构念。由于 PLS 对指标的要求更为宽松，单一构念指标不会存在模型不能够被识别或者误差较大的问题。这个优势是 CB-SEM 估计方法所欠缺的。第三，由于数据收集方面的困难，本研究回收的有效问卷只有

194 份。AMOS 和 LISERAL 采用最大似然方法（maximum likelihood estimation，MLE）估计参数，按照每个观察变量对应最少 15 个样本的标准来计算（195 个有效样本），本研究的样本量只是刚好满足要求（Thompson，2000）。这样会导致分析过程不稳定的结果。因此，虽然 PLS 分析具有一定的限制性（Rönkkö et al.，2013），根据本研究的研究目的和数据特征，本研究采用以方差矩阵为基础的偏最小二乘法，并选取 Smart PLS 2.0 软件进行数据分析和假设检验。

除了 PLS-SEM 分析，本研究运用 SPSS Macro 进一步验证模型中的简单中介路径和多重中介模型。本研究中的模型较为复杂，包括两条简单中介路径和四个多重中介模型。与 Sobel 中介作用检验和 Baron 等（1986）的中介作用检验方式相比，引导方法（bootstrapping technique）的模型参数估计更稳健，结论更可靠，更能避免第 I 类错误（type I error），同时使模型具有较高的解释力（power）（Mackinnon et al.，2002；Mackinnon et al.，2004；Preacher et al.，2008；Hayes et al.，2011）。同时，对多重中介模型来说，引导方法在样本量较小时，比系数乘积法拥有更好的统计解释力（Preacher et al.，2008；Hayes et al.，2011）。因此，本研究选择 SPSS Macro 软件，运用引导方法测量本模型中的简单中介路径和多重中介模型。

4.3.2 数据分析步骤

本研究的具体数据分析步骤如下：第一阶段，运用 SPSS 20.0 进行数据筛查，剔除题项填写缺失或数据失真的问卷；第二阶段，经过数据筛查选择出合格问卷后，运用 SPSS 20.0 针对数据进行描述性统计分析；第三阶段，运用 Smart PLS 2.0 软件进行测量模型分析，测量模型分析包括组合信度分析、收敛效度分析和鉴别效度分析；第四阶段，运用 Smart PLS 2.0 软件进行共同方法偏差检验；第五阶段，运用 Smart PLS 2.0 软件进行结构模型分析；第六阶段，运用 SPSS Macro 分析检验模型中的简单中介路径和多重中介模型。详细的数据分析设计见图 4.1。

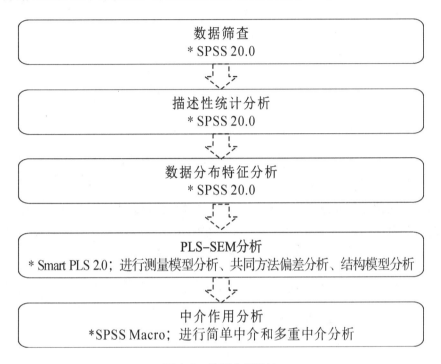

图 4.1　数据分析设计

5 数据分析与结果

本章共分为 8 节。第 1 节报告回收问卷的数据筛查结果。第 2 节报告有效样本的描述性统计分析。第 3 节报告数据分布特征。第 4 节报告测量模型分析结果，包括数据的组合信度、收敛效度和鉴别效度。第 5 节报告共同方法偏差检验结果。第 6 节报告结构模型分析结果，并验证直接作用假设。第 7 节报告运用 SPSS Macro 检验简单中介路径和多重中介模型的分析结果，并验证中介作用假设。第 8 节是本章小结。

5.1 数据筛查

针对回收的 216 份问卷，本研究进行了数据筛查（data screening）。在数据筛查阶段，本研究运用 SPSS 20.0 软件，剔除了 22 份问题问卷（占问卷总数的 10%）。问题问卷主要因为以下两个原因被剔除：一是题项填写缺失（10% 以上填写缺失的问卷被剔除），二是题项填写失真（50% 以上为同一选项的问卷被剔除）。最后，本研究得到了 194 份有效问卷，问卷有效率为 76%。

5.2 描述性统计分析

本次调查共回收有效问卷 194 份。表 5.1 报告被调查者的性别、年龄、受教育程度、工作年限、工资结构。

表 5.1 样本概况

基本特征	分类	样本数量	占比/%
性别	男	49	25.26
	女	136	70.10
	总数*	185	95.36
	缺失值*	9	4.64
年龄	<24 岁	81	41.75
	24~25 岁	77	39.69
	35~44 岁	23	11.86
	45~54 岁	4	2.06
	> 54 岁	0	0
	总数*	185	95.36
	缺失值*	9	4.64
受教育程度	初中及以下	0	0
	高中	12	6.19
	专科	88	45.36
	本科	84	43.30
	硕士及以上	2	1.03
	总数*	186	95.88
	缺失值*	8	4.12
工作年限	<1 年	116	59.79
	1-3 年	45	23.20
	4-7 年	19	9.79
	8-12 年	6	3.09
	>12 年	0	0
	总数*	186	95.88
	缺失值*	8	4.12

表5.1(续)

基本特征	分类	样本数量	占比/%
工资结构	≤底薪1 000元+提成	46	23.7
	≤底薪1 500元+提成	19	9.8
	≤底薪2 000元+提成	13	6.7
	≤底薪2 500元+提成	48	24.7
	≤底薪3 000元+提成	41	21.1
	总数*	167	86.1
	缺失值*	27	13.9

注:总数*是指某一变量中信息齐全的样本数量;总体样本数量为194。缺失值*是指信息缺失的样本数量。

表5.1显示:性别方面,男性占25.26%,女性占70.10%,女性比例高于男性比例。年龄方面,绝大部分被调查者的年龄在44岁以下,其中35岁以下的样本占总体样本数的五分之四以上(81.44%),54岁以上的样本缺失。这样的样本构成反映了保险销售工作岗位的年轻化趋势。受教育程度方面,绝大部分被调查者具有专科和本科学历,其样本占总体样本的五分之四以上(88.66%),具有初中及以下学历的样本缺失。这样的样本构成反映了保险销售人员都具有较高的教育水平。工作年限方面,绝大部分被调查者的工作年限在3年以下(82.99%),反映了保险销售人员工作年限短、流失率高的实际情况。工资结构方面,出现了分布较为均匀的情况。≤底薪1 000元、2 000元、2 500元和3 000元加提成的工资结构都大致占总体样本的20%以上;≤底薪1 500元和2 000元加提成的工资结构都占总体样本的10%以下。

5.3 数据分布特征

本研究运用SPSS20.0软件对样本数据进行分布特征评估。对单变量偏度（skewness）和峰度（kurtosis）检验的结果显示轻度的偏离正态分布（〈｜1.0｜〉）。峰度和偏度值大都在｜1.0｜内，具体各变量分布统计表详见附录二。大部分变量的偏态系数为负，说明变量分布左偏，样本中高分人数频次较多。左偏的原因反映了受访者在自我报告调查中较为自信的态度。峰度系数也都离0值不大。除自我中心网络变量（包括网络规模和中介中心性）、年龄和工作年限变量之外，其他变量均值都在2.5分以上。观察变量的总体分布特征轻度地偏离正态分布。

本研究选择PLS-SEM进行结构方程模型分析。PLS-SEM具有很多优点，其中，PLS对数据分布指标的要求更为宽松，能够处理非正态分布数据（Hair et al., 2011）。因此，本研究数据中轻度地偏离正态分布数据不会对PLS-SEM分析结果产生影响。

5.4 测量模型分析

PLS-SEM分析采取两步法（two-step approach），依次对数据展开测量模型分析和结构模型分析（Hair et al., 2011）。下文依次报告模型的测量模型分析和结构模型分析结果。

5.4.1 测量模型指标和评价标准

本研究中各构念的指标都是反应性指标（reflective indicators），没有形成性指标（formative indicators）。因此，本研究重点关注量表各题项信度（indicator reliability）和内部一致性信度（internal consistency reliability），以及各构念的收敛效度（convergent validity）和鉴别效度（discriminant validity）。

量表信度的具体指标为各题项的因子载荷（factor loading）和组合信度（composite reliability）。因子载荷是判定量表各题项信度的重要指标。

因子载荷是指第 i 个变量与第 j 个公共因子的相关系数，反映了第 i 个变量在第 j 个公共因子上的相对重要性。Hair 等（2010）认为，当样本量在 200 以上时，可接受的因子载荷标准是 0.50（sample size needed for significance）。Chin（1998）则提出，因子载荷应该满足 0.70 的标准。组合信度是判定量表内部一致性信度的重要指标。组合信度是指潜变量所有观察变量的合成信度。潜变量的组合信度越高，表示其观察变量测量潜变量的能力越强。Fornell 和 Larcker（1981）建议，各指标的组合信度应高于 0.60。

量表效度的具体指标为各个构念的平均提炼方差（averaged variance extracted）和相关系数矩阵（correlation matrix）（Hair et al., 2011）。Bagozzi 和 Yi（1988）认为，平均提炼方差是计算潜变量的各观察变量对该潜变量的平均变异解释力，潜变量的平均提炼方差越高，则该潜变量的收敛效度越高。Fornell 和 Larcker（1981）提出了平均提炼方差应该在 0.50 以上的标准。潜变量之间的相关系数矩阵也是判定量表是否具有判别效度的重要指标。潜变量之间的相关系数矩阵中的斜对角线表示平均提炼方差的平方根，这个值必须大于与它临近的潜变量之间的相关系数。同时，各指标之间的相关系数也应该小于 0.60。

测量模型的指标和评价标准见表 5.2。

表 5.2　测量模型指标和评价标准

评价要求	评价指标	评价标准	来源
各题项信度	因子载荷	> 0.60 >0.50	Hair 等（2010）
内部一致性信度	组合信度	>0.60	Fornell 和 Larcker（1981） Bagozzi 和 Yi（1988）
收敛效度	平均提炼方差	>0.50	Hair 等（2011）
鉴别效度	相关系数矩阵	各变量 AVE 平方根大于与它临近的潜变量之间的相关系数，且各变量间相关系数不> 0.60	Chin（1998） Hair 等（2011）

5.4.2　测量模型结果

初步测量模型分析结果表明，大部分题项满足表 5.2 中的评价标准。但部分题项的因子载荷较低，或彼此之间存在交叉载荷。因此，本研究删除了因子载荷低于 0.50 的 TS2、INFE1、INFE2、INFE3、INFE6、INFE8、INFE9、SOLI1、SOLI5 共九个题项。其中大部分题项是因为反向计分所以因子载荷偏低。

修正后的测量模型共包含 29 个题项。根据测量模型的要求，本研究依次检查了各题项的均值、标准差、因子载荷、组合信度、平均提炼方差，以及潜变量之间的相关系数矩阵。具体见表 5.3 和表 5.4。

表 5.3　修正后的测量模型结果

维度	编码	题项	均值	标准差	因子载荷	组合信度	AVE
连带强度	TS1	关系久暂	2.87	0.91	0.57	0.85	0.60
	TS3	亲密程度	3.70	0.74	0.81		
	TS4	你们交流过程中出现的任何问题都由双方共同解决，绝不会只有一方承担责任	3.83	0.83	0.80		
	TS5	你们双方都承诺会一直保持良好的关系，互相帮助，互惠互利	4.13	0.83	0.88		
信息优势	IFO1	我的社会网络提供了很多有价值的客户信息和销售信息	3.59	1.02	0.83	0.83	0.62
	IFO2	我的客户信息和销售信息很多都来自我的社会网络	3.69	1.13	0.81		
	IFO3	我的社会网络具有独特的价值	3.61	0.97	0.71		
影响优势	IFU4	我可以很容易地和我觉得有吸引力的人保持密切的关系	3.86	0.88	0.69		
	IFU5	当别人采访我时，我可以很容易地引导他们讨论我希望讨论的问题，回避我不希望讨论的问题	3.41	0.84	0.73		

表5.3(续)

维度	编码	题项	均值	标准差	因子载荷	组合信度	AVE
影响优势	IFU7	我总是可以计划和别人见面	3.62	0.91	0.70	0.81	0.51
	IFU10	我可以很容易地在小组讨论中发挥重要的作用	3.39	0.86	0.76		
友谊优势	SLI2	我非常友善	4.59	0.68	0.67	0.85	0.59
	SLI3	我尝试着和他们建立个人关系	4.17	0.78	0.77		
	SLI4	我能够让周围的人感到愉快	4.07	0.77	0.82		
	SLI6	客户都非常喜欢我	3.85	0.78	0.80		
行为绩效	BEP1	我和管理层的交流很顺畅，并且能够为他们提供有价值的信息	3.90	0.83	0.79	0.90	0.60
	BEP2	我能够和顾客保持良好的关系	4.18	0.76	0.85		
	BEP3	我能够为顾客和公司同事提供准确的信息	3.99	0.78	0.85		
	BEP4	我在对客户的销售展示方面做得很好	3.81	0.86	0.81		
	BEP5	我能够有效地控制销售支出、管理销售时间	3.49	0.91	0.66		
	BEP6	我能够了解顾客的需求，以及我和竞争对手所销售的保险产品	3.57	0.93	0.66		
结果绩效	OUP1	我为公司在特定销售区域取得了非常高的市场份额	2.60	0.98	0.76	0.89	0.55
	OUP2	我在销售公司保险产品时获得了最高的利润。	2.67	1.05	0.73		
	OUP3	我得到了大笔的保险销售额	2.59	1.02	0.78		
	OUP4	我可以很快地销售公司的新保险产品	3.11	1.02	0.77		
	OUP5	我这一年内完成并超过了所在销售区域的销售目标	2.56	0.97	0.72		
	OUP6	我在负责的销售区域内可以找出大客户	2.99	1.02	0.63		
	OUP7	我得到了具有长期价值的大笔保险销售额或一连串保险销售合同	2.77	1.02	0.77		

注：所有的 T 值检验在 0.01 的水平上显著；AVE 即 average variance extracted；由于网络规模和中介中心性是单一指标变量，所以没有相应的测量模型结果。

从表5.3可知，测量模型中29个题项的因子载荷均大于0.50。大部分题项的载荷都在0.70~0.90。各指标的组合信度均高于0.80，远高于

Fornell 和 Larcker（1981）所建议的组合信度应高于 0.60 的标准。本研究中的量表具有较高的各题项信度和内部一致性信度。

从表 5.3 可知，各题项的平均提炼方差都在 0.50 以上，满足 Fornell 和 Larcker（1981）和 Hair 等（1998）建议的 AVE 应高于 0.50 的标准。同时，表 5.4 的相关系数矩阵表明，各潜变量 AVE 的平方根都大于各潜变量相关系数的绝对值，且同时都大于 0.60。结果表明各构念之间具有良好的判别效度。

5.5 共同方法偏差检验

本研究运用了程序控制和统计控制两种方式，共同消除可能产生的共同方法偏差。在程序控制方面，本研究通过被调查者匿名填写问卷方式，消除社会期许效应对被调查者可能产生的影响；采取让被调查者填写纸质问卷，尽量要求被调查者在 30 分钟之内完成问卷调查的调查方法，尽可能减少被调查者对问卷的主观认识和评价对问卷填写造成的影响；问卷经过双向互译，尽可能减少题项措辞给被调查者带来的困扰。本研究没有从不同途径取得预测变量和效标变量，也没有分开测量变量，原因在于保险公司管理层和保险销售人员填写问卷调查的时间非常有限，针对同一公司销售人员约定不同的时间地点分步完成问卷调查的可能性较小。因此，本研究在部分程序控制基础上，增加统计控制方法进行补救，进一步消除共同方法偏差。

表 5.4 均值、标准差和相关系数矩阵

变量	均值	标准差	1	2	3	4	5	6	7	8	9	10	11	12	13
1. 网络规模	7.18	2.15	1												
2. 连带强度	3.63	0.83	-0.12	0.77											
3. 中介中心性	0.28	0.15	0.18*	-0.15	1										
4. 信息优势	3.63	1.04	0.14*	0.28**	-0.01	0.79									
5. 影响优势	3.57	0.87	0.01	0.37**	-0.02	0.42**	0.72								
6. 友谊优势	4.17	0.75	-0.01	0.43**	-0.07	0.45**	057**	0.77							
7. 行为绩效	3.82	0.84	0.01	0.32*	0.03	0.43**	0.52**	0.55**	0.77						
8. 结果绩效	2.76	1.01	0.01	0.17*	-0.01	0.30**	0.48**	0.33**	0.48**	0.74					
9. 性别	1.74	0.43	-0.01	0.12	-0.06	0.01	-0.03	0.03	0.09	0.07	1				
10. 年龄	1.73	0.74	-0.12	0.05	-0.05	0.23**	0.16	0.14	0.09	0.21**	0.04	1			
11. 受教育程度	3.41	0.61	0.02	0.02	-0.04	-0.01	-0.04	-0.07	-0.05	-0.02	-0.09	0.09	1		
12. 工作年限	1.54	0.79	-0.05	0.03	0.03	0.22**	0.23**	0.17*	0.16*	0.15	0.1	0.65**	-0.01	1	
13. 工资结构	3.11	1.46	0.12	0.19	0.07	0.29**	0.24**	0.15*	0.30**	0.31**	0.21**	0.16*	0.02	0.18*	1

注：* 表示 $p<0.05$；** 表示 $p<0.01$。对角线是 AVE 平方根。网络规模、中介中心性以及性别、年龄、受教育程度、工作年限和工资结构五个控制变量都是单一指标变量，因此 AVE 平方根为 1。

94

5.5.1 不直接测量的单一潜变量法

Podsakoff 等（2003）建议，针对不同性质的数据性质和共同方法偏差来源，应该采取不同的统计控制方法。因为本研究不能从不同的来源、在不同的情景中去测量预测变量和结果变量，也不能确定共同方法偏差的来源，因此，本研究采取不直接测量的单一潜变量法（single-common-method-factor）方式进行统计控制（Podsakoff et al.，2003）。该方法是在原有模型基础上添加一个与所有指标相连的一阶因子。该方法的优势在于不需要研究者寻找并测量另一个特定因子来检验方法偏差。此外，该方法检验的是方法因子对测量指标的作用，并不要求方法因子对每个指标的作用都必须一致。

运用不直接测量的单一潜变量法检验共同方法偏差的步骤如下：首先，本研究在原有模型基础上添加一个与所有指标相连的一阶因子，通过PLS Algorithm 运算，得到在一阶因子存在的情况下，各个指标的因子载荷。其次，去掉这个与所有指标相连的一阶因子，通过 PLS Algorithm 运算，得到在一阶因子不存在的情况下，各个指标的因子载荷。最后，将不同情况下得到的因子载荷相减。如果最后得到的差额大于 0.20 或以上，说明测量模型存在共同方法偏差。检验结果表明，测量模型中没有一个指标的差额在 0.20 以上（见表 5.5）。

表 5.5　共同方法偏差检验结果

维度	编码	包括共同因子的因子载荷	不包括共同因子的因子载荷	差额
连带强度	TS1	0.565 5	0.565 5	0
	TS3	0.807 5	0.807 4	0.000 1
	TS4	0.807 1	0.807 1	0
	TS5	0.871 5	0.871 6	−0.000 1

表5.5(续)

维度	编码	包括共同因子的因子载荷	不包括共同因子的因子载荷	差额
信息优势	INFO1	0.830 7	0.830 1	0.000 6
	INFO2	0.813 2	0.813 1	0.000 1
	INFO3	0.712	0.713	-0.001
影响优势	INFU4	0.693 5	0.692 6	-0.009 1
	INFU5	0.730 5	0.732 9	0.002 8
	INFU7	0.681	0.679 4	0.001 7
	INFU10	0.758 7	0.758 9	-0.000 2
友谊优势	SOLI2	0.665 5	0.669 2	-0.003 7
	SOLI3	0.772 4	0.774	-0.001 6
	SOLI4	0.824 8	0.823 3	0.001 5
	SOLI6	0.804 8	0.802 9	0.001 9
行为绩效	BEHP1	0.770 6	0.792 7	-0.022 1
	BEHP2	0.824 2	0.853 1	-0.028 9
	BEHP3	0.834 1	0.845 2	-0.011 1
	BEHP4	0.806 6	0.808 2	-0.001 6
	BEHP5	0.704 1	0.657 7	0.046 4
	BEHP6	0.696 7	0.661 8	0.034 9
结果绩效	OUTP1	0.760 1	0.760 5	-0.000 4
	OUTP2	0.721 7	0.734 3	-0.012 6
	OUTP3	0.785 7	0.777 3	0.008 4
	OUTP4	0.748 7	0.772 6	-0.023 9
	OUTP5	0.734 9	0.722 6	0.012 3
	OUTP6	0.641 1	0.633 8	0.007 3
	OUTP7	0.788 7	0.771 7	0.017

注：网络规模、中介中心性、年龄、性别、受教育程度、工作年限和工资结构七个变量是单一指标变量，两种情况下因子载荷都为1。

5.5.2 Harman 单因素检验

本研究同时采用 Harman 的单因素检验（Harman's single – factor analysis）来进一步验证共同方法偏差。我们将保留的所有测量题项进行因子分析，在设置获取固定一个因子以及未做任何旋转的条件下，提取出的最大因子贡献率为 24.63%，远远小于 50% 的标准。该 Harman 的单因素检验结果进一步证实了本研究不存在较大的共同方法偏差。

5.6 结构模型分析

在测量模型各指标满足相关评价标准并消除共同方法偏差问题的基础上，本研究展开结构模型分析。

5.6.1 结构模型指标和评价标准

结构模型分析的主要指标是模型的 R^2 值和路径系数（path coefficients）。结构模型指标和评价标准见表 5.6。

表 5.6 结构模型指标和评价标准

指标	评价标准	来源
R^2 值	>0.02（预测能力弱） >0.13（预测能力中等） >0.26（预测能力强）	Cohen（1988）
路径系数 t -值	>1.96（$p<0.05$） >2.58（$p<0.01$） >2.81（$p<0.001$）	Hair 等（2012）

结构模型分析的第一个重要指标是 R^2 值（R^2 values）。R^2 值表示因变量方差变异被外生变量解释的比例（Hutchinson et al., 2009），即测量结

构模型的预测能力。由于 PLS 分析注重模型预测，所以 R^2 值越高，模型的预测能力越强。然而，R^2 值的标准在不同学科之中显著不同。Cohen 对行为科学研究中 R^2 有效值的界定，R^2 分别为 0.02、0.13 和 0.26，说明模型的预测能力依次为解释力弱（weak）、解释力中等（moderate）和解释力强（substantial）。只要 R^2 值达到 0.20 标准，模型就具有较强的预测能力（Cohen，1988）。

路径系数是指标准化回归系数，衡量的是两个变量之间的相关程度，表明自变量对因变量影响的大小。PLS 分析运用引导方法（bootstrapping technique）判断路径系数的显著程度。根据双尾检验结果，路径系数的 t-值标准分别是 1.65（$p<0.10$）、1.96（$p<0.05$）、2.58（$p<0.01$）和 2.81（$p<0.001$）。因此，路径系数的 t-值只要大于正负 1.96，说明该路径显著，自变量对因变量的影响显著。同时，如果 t-值为正，说明自变量对因变量具有显著的正向影响；如果 t-值为负，说明自变量对因变量具有显著的负向影响。

5.6.2 结构模型结果

本研究使用引导方法进行结构模型分析。引导方法的参数设定（bootstrap parameter settings）非常重要，因为不同的设定会使结果产生偏差，从而造成路径系数的差异（Hair et al., 2012）。因此，使用 Smar PLS2.0 软件的标准化 PLS-SEM 运算（standard PLS-SEM algorithm）程序时，本研究将权重设置（weight scheme）设为默认设置，即路径权重设置（path weight scheme）将最大旋转数（maximum iterations）设为默认设置300 次。进行 Bootstrapping 分析时，本研究将重新取样程序（resampling procedures）中的样本数量（number of bootstrap cases）设为 194，Bootstrapping 样本数量（number of bootstrap samples）设为 5 000（$K=1\,000$）。同时，当本研究把引导方法的次数设置在 1 000、2 000、3 000 和 4 000时，显示的结果和次数设置在 5 000 的结果一致，模型较为稳定。

本研究运用 PLS 进行路径分析，检验网络规模、连带强度和中介中心性对行为绩效和结果绩效的直接影响（控制变量包括在模型之内，控制变量相关数据见附录二）。结构模型结果见图 5.1 和表 5.7。结构模型结果表明，友谊优势（$R^2 = 0.18$）、影响优势（$R^2 = 0.14$）、行为绩效（$R^2 = 0.42$）和结果绩效（$R^2 = 0.31$）的 R^2 值都在 0.13 以上，只有信息优势的 R^2 值略低（$R^2 = 0.11$）。根据 Cohen 对 R^2 有效值的界定，本模型的解释和预测能力较强。

路径分析结果表明，网络规模对行为绩效（$\beta = -0.03$）和结果绩效（$\beta = -0.002$）的影响均不显著，假设 H1a 和 H1b 被拒绝。然而，网络规模对信息优势（$\beta = 0.17$，$p < 0.001$），以及信息优势对行为绩效（$\beta = 0.14$，$p < 0.05$）的影响均显著。这两条显著的路径表明，信息优势可能在网络规模到绩效影响之中发挥中介作用或间接作用。

连带强度对行为绩效（$\beta = 0.292$，$p < 0.001$）和结果绩效（$\beta = 0.132$，$p < 0.05$）具有显著正向影响，假设 H3a 和 H3b 得到证明。同时，连带强度对信息优势、影响优势、友谊优势的影响均显著，三种优势对行为绩效和结果绩效的影响路径大多数都显著，表明三种优势可能在连带强度到绩效的影响之中发挥中介作用或间接作用。

中介中心性对行为绩效（$\beta = -0.002$）和结果绩效（$\beta = -0.004$）的影响均不显著，假设 H3a 和 H3b 被拒绝。同时，中介中心性对信息优势（$\beta = 0.01$）和影响优势（$\beta = 0.04$）的影响均不显著，信息优势对结果绩效（$\beta = 0.03$）的影响均不显著。这两条不显著的路径表明，信息优势和影响优势可能不会在中介中心性对绩效的影响之中发挥中介作用或间接作用。

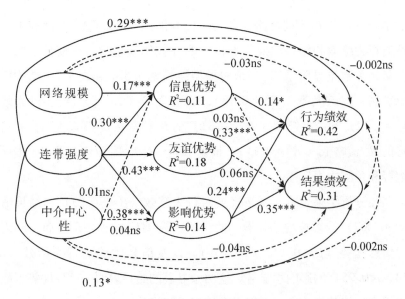

图 5.1 结构模型结果

注：样本量 194；5 000 次引导结果；* 表示 $p<0.05$；** 表示 $p<0.01$；*** 表示 $p<0.001$；ns：不显著；实线箭头表示路径系数显著，虚线箭头表示路径系数不显著。为了模型呈现效果简洁，控制变量的路径系数未显示。控制变量数据结果见附录三。

表 5.7 结构模型结果

路径	路径系数	t 值
网络规模→行为绩效	−0.03	0.363
网络规模→结果绩效	−0.002	0.023
连带强度→行为绩效	0.292***	4.572
连带强度→结果绩效	0.132*	2.022
中介中心性→行为绩效	−0.002	0.029
中介中心性→结果绩效	−0.044	0.579
网络规模→信息优势	0.17***	2.74
连带强度→信息优势	0.30***	4.18
连带强度→友谊优势	0.43***	5.26
连带强度→影响优势	0.41***	6.75
中介中心性→信息优势	0.01	0.10
中介中心性→影响优势	0.04	0.58
信息优势→行为绩效	0.14*	2.14

表5.7(续)

路径	路径系数	t 值
信息优势→结果绩效	0.03	0.37
友谊优势→行为绩效	0.33***	4.02
友谊优势→结果绩效	0.06	0.86
影响优势→行为绩效	0.24***	3.21
影响优势→结果绩效	0.35***	4.27

注:* 表示 $p<0.05$;*** 表示 $p<0.001$;ns:不显著;控制变量数据结果见附录三。

5.7　简单中介和多重中介检验

5.7.1　引导方法中介检验指标和评价标准

简单中介路径检验目前有四种较为普遍的方法。这四种方法分别是因果相关关系检验(causal-step strategy)(Baron et al., 2002),系数乘积法(product-of-coefficients approach, 或称为 Sobel 检验)(Sobel, 1982, 1986),乘积分步法(distribution of product approach)(MacKinnon et al., 2002),以及引导方法(bootstrapping technique)(Preacher et al., 2004, 2008)。其中,引导方法模型参数估计更稳健,结论也更可靠,更能避免 I 类错误(type I error),并使模型具有较高的解释力(power)(Mackinnon et al., 2002; Mackinnon et al., 2004; Preacher et al., 2008; Hayes et al., 2011)。同时,对多种中介模型来说,引导方法在样本量较小时,比系数乘积法拥有更好的统计解释力(Preacher et al., 2008; Hayes et al., 2011)。因此,在 PLS-SEM 分析之后,本研究选择 SPSS Macro 进行引导方法(bootstrapping technique)分析,进一步验证本模型中的简单中介路径和多重中介模型。

引导方法分析的主要指标是路径系数以及偏差矫正与增进95% Bootstrap 置信区间(95% bias corrected & accelerated confidence intervals)。根

据 Preacher 和 Hayes（2008），如果路径系数的 Z 值大于 1.96，同时偏差矫正与增进 95% Bootstrap 置信区间的上下限值（lower & upper Value）中不包含零，说明路径系数显著；如果路径系数的 Z 值大于 1.96，同时偏差矫正与增进 95% Bootstrap 置信区间的上下限值包含零，说明路径系数不显著。引导方法中介检验的指标和评价标准见表 5.8。

表 5.8　引导方法中介检验的指标和评价标准

指标	评价标准	来源
点估计 Z 值	>1.96	Preacher 和 Hayes（2008）
偏差矫正与增进 95% bootstrap 置信区间	不包含零	Preacher 和 Hayes（2008）

5.7.2　简单中介路径检验

本研究模型中包含两条简单中介路径：网络规模→信息优势→行为绩效，以及网络规模→信息优势→结果绩效（见图 5.2 和图 5.3）。

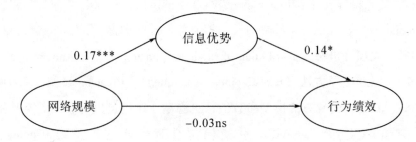

图 5.2　网络规模、资源优势和行为绩效

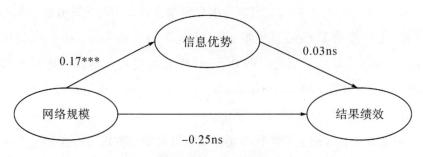

图 5.3　网络规模、资源优势和结果绩效

根据 Baron 和 Kenny（1986），网络规模对行为绩效（$\beta = -0.03$）和网络规模对结果绩效（$\beta = -0.002$）的直接影响不显著，检验中介作用的前提条件不存在。然而，很多学者认为，即使因变量和自变量之间的直接作用不显著，研究者们也可以进一步探寻中介变量的作用（Collins et al.，1998；Judd et al.，1981；Kenny et al.，1998；MacKinnon，1994，2000；MacKinnon et al.，2000；Shrout et al.，2002），原因在于其中可能存在遮盖效应（suppression effect）。同时，PLS 分析结果表明，网络规模对信息优势有显著正向影响，信息优势对行为绩效也有显著正向影响。根据系数乘积法（Sobel 检验），自变量对某一变量影响显著，这一变量同时对因变量影响显著，那么这一变量很有可能在其中发挥中介作用（Sobel，1982，1986）。因此，本研究运用 SPSS Macro 运行引导方法，进行简单中介路径检验。具体结果见表 5.9。

表 5.9　简单中介路径检验结果

简单中介路径	点估计	积差相关系数		引导方法	
		标准误	Z 值	偏差矫正与增进 95%置信区间	
				上限	上限
网络规模→信息优势→行为绩效	0.017 5	0.008 9	0.438 4	0.000 4	0.036 2
网络规模→信息优势→结果绩效	0.015 0	0.008 5	0.374 6	0.001 9	0.036 6

注：样本量 194；5 000 次引导结果。

如表 5.9 所示，两条简单中介路径中，信息优势对行为绩效的总间接效应为 0.017 5，对应的 Z 检验结果为 0.438 4（$p > 0.050$）；信息优势对结果绩效的总间接效应为 0.015 0，对应的 Z 检验结果为 0.374 6（$p > 0.050$），都小于 Preacher 和 Hayes（2008）所建议的 1.96 标准。但信息优势对行为绩效和结果绩效的偏差矫正与增进 95% Bootstrap 置信区间分别为 ｛0.000 4，0.036 2｝ 和 ｛0.001 9，0.036 6｝，该置信区间都不包含零。同时，结合网络规模对行为绩效以及网络规模对结果绩效的影响都不显著的结果，本研究判定：两条简单中介路径的总间接效应不显著，因此，信息优势没有在网络规模到行为绩效和网络规模到结果绩效之中发挥中介作用；两条简单中介路径的偏差矫正与增进 95% Bootstrap 置信区间都不包含零，因此，网络规模、信息优势和行为绩效，网络规模、信息优势和结果绩效之间存在因果关系（Hayes，2009）。由此，我们认为，假设 H4a 和假设 H4b 没有得到支持，但网络规模通过信息优势影响销售人员的行为绩效和结果绩效，网络规模对行为绩效和结果绩效具有间接影响。

5.7.3 多重中介模型检验

5.7.3.1 以连带强度为自变量的多重中介模型

本研究模型共包含四个多重中介模型。其中，两个多重中介模型以连带强度为自变量：连带强度→信息优势、影响优势、友谊优势→行为绩效，连带强度→信息优势、影响优势、友谊优势→结果绩效（见图 5.4 和图 5.5）。本研究针对连带强度作为自变量的两个多重中介模型，运用 SPSS Macro（Preacher et al.，2008）进行引导方法分析。连带强度作为自变量的多重中介模型分析结果见表 5.10 和表 5.11。

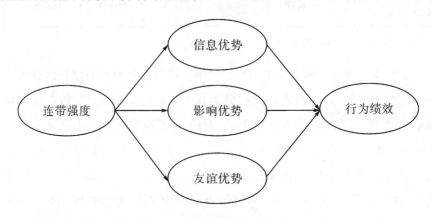

图 5.4　连带强度、资源优势和行为绩效

表 5.10　连带强度、资源优势和行为绩效

多重中介路径	点估计	积差相关系数		引导方法	
		标准误	Z 值	偏差矫正与增进 95%置信区间	
				上限	下限
间接效应					
信息优势	0.040 5	0.023 3	1.952 2	0.006 1	0.106 3
影响优势	0.111 3	0.039 6	3.293 3	0.048 9	0.214 2
友谊优势	0.121 8	0.040 6	3.312 0	0.053 1	0.215 7
总计	0.273 7	0.056 2	5.526 6	0.178 0	0.415 0
分组对比					
信息 vs. 影响	−0.070 8	0.044 0	−1.747 6	−0.171 4	0.006 4
信息 vs. 友谊	−0.081 2	0.045 2	−1.858 3	−0.165 9	0.010 5
影响 vs. 友谊	0.010 5	0.064 3	−0.197 6	−0.128 9	0.128 6

注：样本量 194；5 000 次引导结果。

由图 5.4 和表 5.10 可知，连带强度对行为绩效的总间接效应为 0.273 7，对应的 Z 检验结果为 5.526 6（p = 0.000），偏差矫正与增进 95% Bootstrap 置信区间为 {0.178 0，0.415 0}，置信区间不包括零。因此，拒绝总间接效应为零的虚无假设，表明总间接效应显著。这样的结果表明，连带强度越强，产生的信息优势、友谊优势和影响优势越大，销售人员的行为绩效也越高。信息优势、影响优势和友谊优势作为整体构念，在连带强度对行为绩效的影响之中发挥中介作用。

多重中介方法不仅关注总间接效应，也关注各个变量单独的中介效应。由表 5.10 可知，各变量的中介效应值（ab 值）如下。通过信息优势：$a_1 b_1$ = 0.040 5（Z = 1.952 2，$p < 0.050$），偏差矫正与增进 95% Bootstrap 置信区间为 {0.006 1，0.106 3}，置信区间不包括零；通过影响优势：$a_2 b_2$ = 0.111 3（Z = 3.293 3，$p < 0.050$），偏差矫正与增进 95% Bootstrap 置信区间为 {0.048 9，0.214 2}，置信区间不包括零；通过友谊优势：$a_3 b_3$ = 0.121 8（Z = 3.312 0，$p = 0.000 0$），偏差矫正与增进 95%

Bootstrap 置信区间为 {0.053 1，0.215 7}，置信区间不包括零。这样的结果表明三个变量都在其中发挥中介作用。假设 H5a、H6a 和 H7a 得到支持。此外，三个变量间接效应分组对比的结果表明，信息优势、影响优势和友谊优势发挥的中介作用一致。

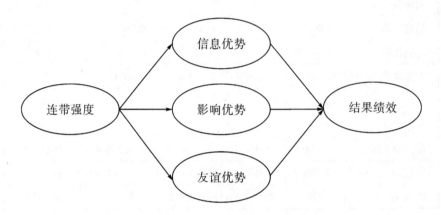

图 5.5　连带强度、资源优势和结果绩效

表 5.11　连带强度、资源优势和结果绩效

多重中介路径	点估计	积差相关系数		引导方法	
		标准误	Z 值	偏差矫正与增进 95% 置信区间	
				上限	下限
间接效应					
信息优势	0.038 3	0.030 8	1.542 8	−0.012 8	0.110 4
影响优势	0.174 1	0.061 0	3.719 5	0.078 9	0.318 1
友谊优势	0.018 3	0.039 0	0.458 1	−0.065 1	0.090 2
总计	0.230 7	0.058 8	4.300 6	0.122 2	0.359 3
分组对比					
信息 vs. 影响	−0.135 8	0.072 0	− 2.506 4	−0.298 1	−0.012 0
信息 vs. 友谊	0.020 0	0.050 6	0.388 5	−0.071 0	0.137 6
影响 vs. 友谊	−0.155 8	0.085 8	2.250 9	−0.343 2	−0.013 3

注：样本量194；5 000 次引导结果。

　　由图 5.5 和表 5.11 可知，连带强度对结果绩效的总间接效应为 0.230 7，对应的 Z 检验结果为 4.300 6（p = 0.000），偏差矫正与增进 95% Bootstrap 置信区间为 {0.122 2，0.359 3}，置信区间不包括零。因此，拒绝总间接效应为零的虚无假设，表明总间接效应显著。这样的结果表明，连带强度越强，产生的信息优势、友谊优势和影响优势越大，销售人员的结果绩效也越高。信息优势、影响优势和友谊优势作为整体构念，在连带强度对结果绩效的影响之中发挥中介作用。

　　由表 5.11 可知，各个变量的中介效应值（ab 值）如下。通过信息优势：$a_1 b_1 = 0.038\ 3$（$Z = 1.542\ 8$，$p > 0.050$）偏差矫正与增进 95% Bootstrap 置信区间为 {-0.012 8，0.110 4}，置信区间包括零；通过影响优势：$a_2 b_2 = 0.174\ 1$（$Z = 3.719\ 5$，$p = 0.000$），偏差矫正与增进 95% Bootstrap 置信区间为 {0.078 9，0.318 1}，置信区间不包括零；通过友谊优势：$a_3 b_3 = 0.018\ 3$（$Z = 0.458\ 1$，$p > 0.050$），偏差矫正与增进 95% Bootstrap 置信区间为 {-0.065 1，0.090 2}，置信区间包括零。这样的结果表明三个变量中，只有影响优势在发挥中介作用。假设 H6b 得到支持，H5b 和 H7b 未得到支持。

5.7.3.2　以中介中心性为自变量的多重中介模型

　　除了以连带强度作为自变量的两个多重中介模型外，还存在两个以中介中心性为自变量的多重中介模型：中介中心性→信息优势、影响优势→行为绩效，中介中心性→信息优势、影响优势→结果绩效（见图 5.6 和图 5.7）。本研究针对中介中心性作为自变量的两个多重中介模型，运用 SPSS Macro（Preacher et al.，2008）进行引导方法分析。连带强度作为自变量的多重中介模型结果见表 5.12 和表 5.13。

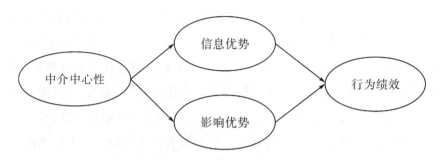

图 5.6　中介中心性、资源优势和行为绩效

表 5.12　中介中心性、资源优势和行为绩效

多重中介路径	点估计	积差相关系数		引导方法	
		标准误	*Z* 值	偏差矫正与增进 95% 置信区间	
				上限	下限
间接效应					
信息优势	−0.008 4	0.074 1	0.274 8	−0.149 7	0.156 7
影响优势	−0.022 0	0.131 3	0.487 3	−0.279 1	0.251 5
总计	−0.030 4	0.172 7	0.532 8	−0.375 7	0.313 2
分组对比					
信息 vs. 影响	0.013 6	0.044 0	0.348 3	−0.254 7	0.239 4

注：样本量 194；5 000 次引导结果。

由图 5.6 和表 5.12 可知，中介中心性对行为绩效的总间接效应为−0.030 4，对应的 *Z* 检验结果为 0.532 8（$p > 0.050$），偏差矫正与增进 95% Bootstrap 置信区间为 {−0.375 7, 0.313 2}，置信区间包括零。因此，不能拒绝总间接效应为零的虚无假设，表明总间接效应不显著。信息优势和影响优势作为整体构念，没有在中介中心性对行为绩效的影响之中发挥中介作用。

Preacher 和 Hayes（2008）认为，在多重中介效应分析中，总体中介效应的显著性并不构成个别中介效应分析的必要条件。因此，本研究继续进行各变量的中介作用分析。由表 5.12 可知，各个变量的中介效应值

（ab 值）如下。通过信息优势：$a_1b_1 = -0.0084$（$Z = 0.2748$，$p > 0.050$）偏差矫正与增进 95% Bootstrap 置信区间为 ｛-0.1497，0.1567｝，置信区间包括零；通过影响优势：$a_2b_2 = -0.0220$（$Z = 0.4873$，$p > 0.050$），偏差矫正与增进 95% Bootstrap 置信区间为 ｛-0.2791，0.2515｝，置信区间包括零。这样的结果表明信息优势和影响优势没有在其中发挥中介作用。假设 H8a 和 H9a 未得到支持。

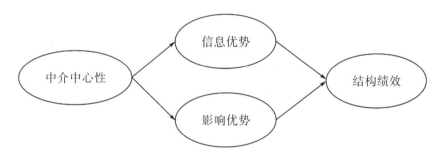

图 5.7　中介中心性、资源优势和结果绩效

表 5.13　中介中心性、资源优势和结果绩效

多重中介路径	点估计	积差相关系数		引导方法	
		标准误	Z 值	偏差矫正与增进 95% 置信区间	
				上限	下限
间接效应					
信息优势	-0.0056	0.0526	0.2836	-0.1222	0.0955
影响优势	-0.0244	0.1532	0.4683	-0.3187	0.3009
总计	-0.0300	0.1782	0.5738	-0.3659	0.3381
分组对比					
信息 vs. 影响	0.0188	0.1439	0.3847	-0.2857	0.3031

注：样本量 194；5 000 次引导结果。

由图 5.7 和表 5.13 可知，中介中心性对结果绩效的总间接效应为 -0.0300，对应的 Z 检验结果为 0.5738（$p > 0.050$），偏差矫正与增进 95% Bootstrap 置信区间为 ｛-0.3659，0.3381｝，置信区间包括零。因此，不能拒绝总间接效应为零的虚无假设，表明总间接效应不显著。信息优势和影响优势作为整体构念，没有在中介中心性对结果绩效的影响之中发挥中介作用。

由表 5.13 可知，各个变量的中介效应值（ab 值）如下。信息优势：$a_1 b_1 = -0.005\ 6$（$Z = 0.283\ 6$，$p > 0.050$）偏差矫正与增进 95% Bootstrap 置信区间为 $\{-0.122\ 2,\ 0.095\ 5\}$，置信区间包括零；通过影响优势：$a_2 b_2 = -0.024\ 4$（$Z = 0.468\ 3$，$p > 0.050$），偏差矫正与增进 95% Bootstrap 置信区间为 $\{-0.318\ 7,\ 0.300\ 9\}$，置信区间包括零。这样的结果表明信息优势和影响优势没有在其中发挥中介作用。假设 H8b 和 H9b 未得到支持。

5.8　本章小结

本研究模型包含网络规模、连带强度、中介中心性三个自变量，信息优势、影响优势和友谊优势三个中介变量，以及行为绩效和结果绩效两个因变量。根据概念模型，本研究提出了九组共十八条假设。在本章针对样本数据进行数据筛查、描述性统计分析、PLS-SEM 测量模型分析、结构模型分析、共同方法偏差检验、简单中介路径和多重中介模型分析的基础上，本研究对假设进行了检验。假设检验结果情况见表 5.14。

由表 5.14 可知，18 条假设中，6 条假设得到支持，12 条假设未得到支持；未得到支持的 12 条假设中，虽然假设 H1a 和 H1b 未得到支持，但结果表明网络规模对行为绩效和结果绩效存在间接影响。虽然假设 H4a 和 H4b 中信息优势的中介作用未得到支持，但结果表明网络规模、信息优势和行为绩效之间存在因果关系，网络规模、信息优势和结果绩效之间也存在因果关系。对于假设的进一步分析总结见 6.1 研究结论。

表 5.14　假设检验结果

假设	自变量	中介变量	因变量	结果
H1a	网络规模	无	行为绩效	不支持 *
H1b	网络规模	无	结果绩效	不支持 *
H2a	连带强度	无	行为绩效	支持
H2b	连带强度	无	结果绩效	支持
H3a	中介中心性	无	行为绩效	不支持
H3b	中介中心性	无	结果绩效	不支持
H4a	网络规模	信息优势	行为绩效	不支持 **
H4b	网络规模	信息优势	结果绩效	不支持 **
H5a	连带强度	信息优势	行为绩效	支持
H5b	连带强度	信息优势	结果绩效	不支持
H6a	连带强度	影响优势	行为绩效	支持
H6b	连带强度	影响优势	结果绩效	支持
H7a	连带强度	友谊优势	行为绩效	支持
H7b	连带强度	友谊优势	结果绩效	不支持
H8a	中介中心性	信息优势	行为绩效	不支持
H8b	中介中心性	信息优势	结果绩效	不支持
H9a	中介中心性	影响优势	行为绩效	不支持
H9b	中介中心性	影响优势	结果绩效	不支持

注:* 表示直接影响没有得到证明,但变量之间存在间接影响;** 表示中介作用没有得到证明,但变量之间存在因果关系。

6 研究结论和展望

本章共分为 4 节。第 1 节总结研究结论。第 2 节归纳研究贡献。第 3 节陈述管理实践意义，为服务行业中销售人员自我中心网提供构建策略，也为人员招聘、员工培训和销售管理提供指导性建议。第 4 节陈述本研究的研究局限和未来研究方向。

6.1 研究结论

本研究以社会网络理论为基础，讨论销售人员组织外自我中心网三个网络特征对其销售绩效的影响，以及信息优势、影响优势和友谊优势三种资源优势的多重中介作用。通过文献梳理、理论重建、假设构建，本研究进一步揭示了组织外社会网络、资源优势和销售人员绩效三者之间的关系。根据概念模型和关系假设，本研究开展了量表筛选、样本筛选、数据收集与分析、概念模型和关系假设验证工作。验证结果回答了本研究提出的两个研究问题，得到了关于组织外社会网络、资源优势和销售人员绩效之间关系的三个重要结论。本研究结论具体讨论如下。

6.1.1 组织外社会网络对销售人员绩效的影响

文献综述表明，销售人员组织外社会网络在解释销售人员绩效方面潜力巨大，而实证研究匮乏。由此，本研究形成了第一个基本研究问题：销售人员的组织外社会网络是否影响他们的销售绩效?本研究选取了网络规模、连带强度和中介中心性三个网络特征,并根据各个网络特征对销售人员绩效的影响,提出了理论假设,即销售人员组织外自我中心网的网络规模、连带强度和中介中心性会分别显著正向影响销售人员的行为绩效和结果绩效。具体研究结论如下:

①在控制销售人员年龄、性别、受教育程度、工作年限和工资结构情况下,网络规模→行为绩效、网络规模→结果绩效之间的路径系数不显著,表明网络规模对行为绩效和结果绩效的直接影响不显著。

假设 H1a、H1b 被拒绝。这样的结果与 Calabrese 等(2000),Rodan 和 Galunic(2004),以及 Cross 和 Cummings(2004)展开的实证研究结果不相一致。他们的实证研究都证明,网络规模会对绩效产生显著的、直接的正向影响。

研究结论不一致可能是由行动者承载力边际递减效用引起的。行动者承载力边际递减效用观点认为,当行动者自我中心网规模达到一定临界点时,个体管理网络的能力降低(Reagans et al.,2008)。行动者承载力边际递减效用会使结构洞对绩效的影响呈现倒"U"形关系,而非简单的正向或负向线性关系。由此,网络规模对销售绩效的影响不显著也可能是受到行动者承载力边际效用递减因素的影响。

此外,值得注意的是,这些实证研究都是在以开放市场、自由竞争和个人主义为特征的西方情境中展开的(Xiao et al.,2007)。中国的"关系"文化可能导致了网络规模对销售绩效的影响不显著。

中国的"关系"和西方的"relationship"在很多方面都具有差异(杨宜音,2009)。正如很多西方社会心理学的概念一样,西方"relationship"实质上是一种"获得性"关系(achieved relation),即关系的建立是后成的。这种"获得性"关系的逻辑起点是西方意义上的"自我"(self),因为个体的意愿、价值取向、需求、性格等个人因素起着决定性作用。与此相对,中国的"关系"实质上是一种"先赋性"关系(ascribed relation），即人与人之间的关系是既定的，与生俱来的。这种"先赋性"关系强调的是"家我"（family oriented self），原因在于，中国社会中的意义单位不是个人，而是"家"，以及个体所属血亲关系中的其他个体，即"家我"。"家我"与"自我"相对，将血缘、亲缘和地缘范围中与"我"相关的人群包括在内。由此，对中国和西方的个体销售人员来说，他们所拥有的部门内部、组织内部，特别是组织外部社会网络的人员构成和网络特征具有显著的差异。对西方社会中的销售人员来说，人际关系具有"获得性"特质，所以组织外部社会网络主要包括来自市场和其他组织中的客户。同时，"获得性"关系强调在"公共领域"和"私人领域"之间保持清晰的界限，家人、亲戚和朋友这种属于"私人领域"的成员一般不会包含在销售人员的工作网络之中。家人、亲戚和朋友不会与销售人员产生工作上的互惠和帮助。与此相对，中国"关系"文化视角下的人际关系是"先赋性"的，因此他们的组织外部社会网络不会仅限于客户之间，而是扩展延伸至血缘、亲缘和地缘范畴内的所有人员。和"获得性"关系相对，"先赋性"关系常常会混淆、弱化"公共领域"和"私人领域"之间的界限，强化和巩固关系的远近和亲疏。因此，"在正式组织关系和公众关系中，总是潜藏着另一种亲缘式的关系，二者形成表里"（杨宜音，1995）。由此，受到"关系"文化影响下的中国销售人员总是尽力扩展自己的组织外部社会网络，将家人、亲人、朋友、老乡都囊括到组织外部网络之中，并产生工作上的互惠和帮助。

受到"关系"文化（Gu et al.，2008）的影响，中国人的关系分为情感性关系（the expressive tie）、工具性关系（the instrumental tie）以及混合了情感与工具交换的混合性关系（the mixed tie）。三种关系包含的成员和所适用的社会交换法则有所差异。情感性关系是一种较为稳定和永久的社会关系，主要包括家人、亲密朋友和其他投缘的成员。情感性关系适用"亲情"法则（qinqing rule），即毫无保留地为对方提供资源支持和情感支持。工具性关系与情感性关系相对，是指个体为实现个人目标而有意识地与对方建立联系的社会关系，主要包括与个体毫无联系的陌生人。工具性关系适用"公平"法则（equity rule），即公平、公正地做出客观决定。混合性关系介于情感性关系和工具性关系之间，主要包括亲人、邻居、同学、同事、师生等的社会关系。混合性关系适用"人情"法则（renqing rule）。"人情"法则有两个主要特点：人们之间应该通过交换礼物、互相帮助、互相拜访等方式保持一定的联系；当成员面临困境时，人们应该给予同情和帮助。情感性关系、工具性关系和混合性关系也可以称为家人关系、熟人关系以及生人关系。受到"关系"文化的影响，中国销售人员倾向于向关系亲密的家人、亲人、朋友等"圈内人"寻求帮助和支持，同时排斥与陌生人等"圈外人"的交流与合作。本研究中的网络规模指的是销售人员组织外社会网络的成员数量，网络中既包括与销售人员关系亲密的强关系，也包括大量与销售人员关系较疏远的弱关系，即"混合性关系"。受到"人情"交往法则的影响，这些"混合性关系"是熟人关系，属于介于"圈内人"和"圈外人"之间的关系，需要通过交换礼物、互相帮助、互相拜访等方式进行关系的巩固和加深。因此，这种"混合性关系"需要花费一定的时间和精力，才能转化为亲密关系，从而对销售人员绩效产生正向的影响。因此，即使销售人员的网络规模较大，网络规模对销售绩效的影响仍然不会显著。

②在控制销售人员年龄、性别、受教育程度、工作年限和工资结构的情况下，连带强度→行为绩效、连带强度→结果绩效之间的路径系数显著，表明连带强度对行为绩效和结果绩效具有直接的、显著的正向影响。

假设 H2a 和 H2b 得到证明。本研究得到的结论和 Collins 和 Clark（2003）展开的实证研究结果一致。Collins 和 Clark（2003）的研究结果证明，连带强度会对绩效产生显著的正向影响。

在三个网络特征中，只有连带强度对行为绩效和结果绩效的影响显著，网络规模和中介中心性的影响都不显著，这样的结果也和中国的"关系"文化可能具有一定的相关性。前文已述，受到"关系"文化

115

（Gu et al., 2008）的影响，中国人的关系分为情感性关系（the expressive tie）、工具性关系（the instrumental tie）以及混合了情感与工具交换的混合性关系（the mixed tie）。其中，情感性关系适用"亲情"法则（qinqing rule），即毫无保留地为对方提供资源支持和情感支持。工具性关系适用"公平"法则（equity rule），即公平、公正地做出客观决定。混合性关系适用"人情"法则（renqing rule）。三个网络特征中，强连带更贴近于情感性关系，适用于"亲情"法则。因此，（Bian, 1997）指出，强连带的作用可能会在中国情境中有所强化。本研究结论证明了在中国"关系"文化情景中强连带的突出作用。本研究结论进一步证实了强连带在中国情境中的重要性（Bian, 1997）。

③在控制销售人员年龄、性别、受教育程度、工作年限和工资结构的情况下，中介中心性→行为绩效、中介中心性→结果绩效之间的路径系数不显著，表明中介中心性对行为绩效和结果绩效的直接影响不显著。

假设 H3a 和 H3b 被拒绝。本研究提出，关于中介中心性（或结构洞）的理论推理和实证研究结果差异巨大。在充分考虑结构洞的分析层次差和组织内部外部差异的基础上，本研究所指的中介中心性是以销售人员为中心的组织外社会网络的关系结构特征，属于个体层次的组织外社会网络，会对个体绩效产生正向影响。因此，本研究假设，享有高中介中心性的个体销售人员能够将其他行动者联系在一起（Burt, 1992），从而促成行动者自身情感性或工具性行为的结果。然而，本研究结果表明，中介中心性对个体绩效的正向影响不显著。

中介中心性对个体绩效影响不显著的原因可能在于工作复杂性、行动者承载力边际效用递减和文化的影响。Shaw（1964）和 Hansen（1999）提出，工作复杂性在结构洞对绩效的影响中发挥调节作用。个体从事的工作复杂程度越高，对信息、知识的需求越迫切，中介中心性在行动者之间控制、阻碍或扭曲信息，拥有权力和影响力（Salancik et al., 1977）、影响其他行动者（Freeman, 1979）的优势越突出，中介中心性对个体绩效的提升作用将会显著。当工作复杂性较低时，信息、知识的替代作用增强，中介中心性的影响作用相对减弱，或者变得不再显著。工作复杂性的调节作用在 Cross 和 Cummings（2004）针对 101 名工程师和 125 名咨询师的实证研究结果中得到证明：在知识密集型工作中，自我中心网中的中介中心性对个体绩效存在显著正向影响。本研究的研究对象是保险行业销售人员绩效。与工程师和咨询师等工作相比，保险销售行业的工作复杂性相对较低，中介中心性对其绩效的正向影响相对弱化，直至不再显著。

行动者承载力边际递减效用也可能导致中介中心性的不显著。行动者承载力边际递减效用观点认为，当行动者自我中心网规模达到一定临界点时，个体管理网络的能力降低（Reagans et al.，2008）。行动者承载力边际递减效用会使结构洞对绩效的影响呈现倒"U"形关系。由于社会网络研究的局限性，本研究只要求被试列出五位以上、十位以下组织外社会网络成员。虽然网络成员的数量限制很好地解决了被试社会网络调查的真实性问题，却可能没有真实反映出被试组织外社会网络的规模、强度和结构。本研究被试的组织外社会网络可能远远超过十人的规模，因此其承载力和网络管理能力可能开始递减，由此造成高中介中心性对其绩效影响不显著的结果。

此外，文化差异也可能是导致中介中心性对销售人员绩效影响不显著的原因之一。文化差异观点认为，在中国这样具有强烈集体主义文化的情景中，销售人员组织外社会网络成员之间可能存在利益冲突，会产生跨越"圈子"可能产生的约束和限制。圈内成员之间的信任基础较为缺失，会出现"脚踏两条船"的现象，导致行动者受到严重社会制裁。由于对社会制裁的忌惮，即使销售人员享有高中介中心性，具有控制、扭曲信息的权力和影响力，销售人员也不会从中获取各种优势，从而使中介中心性对销售人员绩效的影响不显著，甚至产生有负向影响。

6.1.2 资源优势的多重中介作用

文献综述表明，受到社会网络高维护性、高不确定性、集体物品属性和双边性特征的影响，这种结构型社会资本的流动性更低、粘性更大、转换率更低（Alder et al., 2002）。因此，在社会网络与个体组织绩效的转化过程中，社会网络也更容易受到行动者内部因素和外部环境因素的限制与制约。强调"人"和"资源"有机统一的整合观是对社会网络对销售绩效影响机制研究中较为客观、全面的阐释。由此，我们形成了本研究的第二个研究问题：销售人员从其组织外社会网络中获得的信息优势、影响优势和友谊优势是否在组织外社会网络对销售绩效的影响中发挥多重中介作用?本研究提出，个体从社会网络中获取的信息优势、影响优势和友谊优势是帮助销售人员将蕴含在社会网络中的资源"占用"和"转化"为绩效的关键变量。由此，本研究提出两条简单中介路径和四个多重中介模型。针对各个中介模型进行的 SPSS Macro 分析得出以下结论：

①网络规模→行为绩效、网络规模→结果绩效两条简单中介路径表明，网络规模对行为绩效、网络规模对结果绩效的直接影响不显著，信息优势的中介作用也不显著。

假设 H4a 和 H4b 被拒绝。但网络规模、信息优势、行为绩效，以及网络规模、信息优势、结果绩效之间存在因果关系。也就是说，虽然网络规模对行为绩效和结果绩效的直接影响不显著，但网络规模通过信息优势，间接影响行为绩效和结果绩效。

本研究中信息优势的中介作用不显著的原因主要在于，信息优势对结果绩效的影响不显著。假设没有得到支持可能有两个原因：时间差和文化影响。

Tsai（2001）认为，时间差是将信息资源转化为个体和企业绩效过程中所需要花费的时间。研究指出，销售人员平均年需要拜访客户 5 次左右，才能真正完成销售。因此，销售人员了解到客户需求信息，并运用自身能力，将信息优势转化为真正的结果绩效也需要花费一定的时间成本。由此，信息优势对销售人员结果绩效的提升可能会在一定时间之后才能显现出来。由于本研究收集的是销售人员在某一特定时间节点所具有的信息优势和销售绩效数据，而非连续的、动态的绩效数据，信息优势带来的行为绩效因而提升显著，但结果绩效提升目前还没能够显现出来。

此外，"关系"文化也可能是重要的影响因素。前文已述，很多实证研究，例如 Calabrese 等（2000），Rodan 和 Galunic（2004），以及 Cross 和 Cummings（2004）都指出，信息资源能够带来绩效提升。然而，这些实证研究都是在以开放市场、自由竞争和个人主义为特征的西方情境中展开的（Xiao et al., 2007）。Bian（1997）、Xiao 和 Tusi（2007）以及 Gu 等（2008）都指出，当"关系"文化影响过于深远时，信息资源所发挥的作用会受到限制，原因在于，"关系"有时会取代规章制度，导致出现不完全竞争等消极结果。同理，当"关系"取代规章制度之后，销售人员所拥有的信息优势会在"关系"竞争中败下阵来，不能转化为最终的结果绩效。

由此，本研究结论表明，在"关系"文化背景下，从大量组织外连带中获取并利用的与销售工作相关的、及时的、与组织内其他销售人员不同的信息资源能够帮助销售人员快速寻找并定位潜在顾客，计划安排一系列销售活动，从而提高行为绩效。然而，销售活动的效率会受到质疑，因为具有针对性的销售计划和销售行为并不能带来实质性的结果绩效。然而，网络规模、信息优势、行为绩效以及网络规模、信息优势、结果绩效之间的因果联系又说明：信息优势是结果绩效的必要条件，因为结果绩效依赖于信息优势；然而信息优势并非结果绩效的充分条件，因为只拥有信息优势不足以取得结果绩效。也就是说，在信息优势对结果绩效的影响机制中，可能还有其他变量在发挥作用。例如，本研究提出的影响优势和友谊优势两个中介变量。

②连带强度→行为绩效、连带强度→结果绩效两个多重中介模型的结论有所差异。

第一，连带强度→行为绩效多重中介模型表明：信息优势、影响优势和友谊优势作为整体概念，在连带强度和行为绩效之间发挥中介作用；针对社会网络各个优势进行的间接作用分析也表明,三种优势都在其中发挥中介作用。假设 H5a、H6a 和 H7a 得到支持。这样的结果表明,连带强度越强,销售人员在信息、影响和友谊方面优势越大,销售人员的行为绩效越高。这样的研究结果为 Sandefur 和 Laumann(1998)、Adler 和 Kwon(2002)提出的信息优势、友谊优势和影响优势的多重中介作用提供实证支持。

第二,连带强度→结果绩效多重中介模型表明:虽然信息优势、影响优势、友谊优势作为整体概念在连带强度对结果绩效的影响机制中发挥中介作用,间接作用分析却揭示,只有影响优势在其中发挥中介作用,信息优势和友谊优势的中介作用不显著。假设 H6b 得到支持,假设 H5b 和 H7b 被拒绝。这样的结果与信息优势→结果绩效、友谊优势→结果绩效之间的路径系数不显著有关。前文已述,信息优势中介作用不显著的原因在于时间差和文化影响。友谊优势中介作用假设没有得到支持可能也是因为文化的影响。当"关系"文化过于强势,"关系"替代规章制度之后,销售人员与组织外社会网络成员所建立的友谊优势会在"关系"竞争中败下阵来,不能转化为最终的结果绩效。

与前文一致,本研究结论表明,在"关系"文化背景下,从大量组织外连带中获取并利用的与销售工作相关的、及时的、与组织内其他销售人员不同的信息资源,以及与组织外连带所建立的友谊,能够帮助销售人员快速寻找并定位潜在顾客,计划安排一系列销售活动,从而提高行为绩效。然而,这一系列的销售计划和销售行为并未带来结果绩效的实质提升。

③中介中心性→行为绩效、中介中心性→结果绩效两个多重中介模型结果表明,信息优势和影响优势的中介作用都不显著。

假设 H8a、H8b、H9a 和 H9b 被拒绝。本研究中信息优势的中介作用不显著的原因主要在于,中介中心性对信息优势和影响优势的作用均不显著。前文已阐述,中介中心性对销售人员绩效影响不显著的原因可能在于工作复杂性(Shaw,1964;Hansen,1999;Cross et al.,2004)、行动者承载力边际效用递减（Reagans et al., 2008）和文化差异的影响。与前文一致，本研究中的保险销售人员的工作复杂性可能较低，或者销售人员的承载力和网络管理能力可能已经开始递减。由此，虽然享有高中介中心性的销售人员位于连接其他行动者的交流通道上（Bavelas, 1948; Shaw, 1954），他们也不能获取控制信息和交流以及非授权性质的权力和影响力的能力。中介中心性对信息优势和影响优势的正向影响相对弱化，造成信息优势和影响优势在中介中心性→行为绩效、中介中心性→结果绩效两个多重中介模型里中介作用不显著的情况。

6.1.3 "关系"的文化特殊性

文献综述表明，大多数社会网络对绩效的影响研究都是在以开放市场、自由竞争和个人主义为特征的西方情境中展开的（Xiao et al., 2007）。在中国"关系"文化（Hwang, 1987; Gu et al., 2008）的文化情境影响下，以及相对不健全的商业基础设施、法律体系（Gold et al., 2002）和正式机构中有效合作机制欠缺（Bian, 1997）的现实情境中展开的社会网络对销售绩效的影响研究寥寥可数。

按照假设验证的跨文化研究分类，跨文化研究可以根据是否引入情境分为两类：普适性研究（generalizability studies）和情境理论研究（contextual theory studies）。普适性研究是在一个文化样本中重复已在另一个文化样本中得到研究结果的跨文化研究，例如，在非西方文化或另一个西方文化样本中检验已经在某个西方文化中得到的研究结论。情境理论研究是在模型中以跨文化因素作为变量，作为解释跨文化差异的理论框架（梁觉 等，2010）。本研究属于在中国"关系"文化样本中进行的普适性跨文化研究。本研究结论部分地与在西方情境中展开的研究结论有所差异，产生了与西方个体主义文化情境相悖却有价值的两个研究结论：

①与网络规模和中介中心性相比，连带强度对销售人员绩效的预测作用更强。

前文中，我们假设，销售人员组织外社会网络的网络规模、连带强度和中介中心性都会显著、正向的影响销售人员的行为绩效和结果绩效。然而，本研究结构模型表明：连带强度对行为绩效和结果绩效的直接影响，以及通过资源优势所产生的间接影响大都是显著的。本研究结构模型也表明：网络规模对绩效的间接影响显著，直接影响不显著；中介中心性对绩效的直接影响和间接影响都不显著。网络规模、连带强度和中介中心性三个网络特征指标不一致的结论证明了不同网络特征带来不同的资源优势这一观点（Sandefur et al., 1998），也突出了强连带在预测销售人员绩效所发挥的突出作用。本研究实证研究结果表明，在中国"关系"文化情景中（Earley, 1989, 1994; Chen 1995; Chen et al., 1998），"关系"文化强化和巩固关系的远近和亲疏、适用"亲情"和"人情"法则的特点使强连带的作用得到强化，弱连带和中介中心性的影响被削弱。这种在特定文化情境中得到的结论进一步证实了强连带在中国情境中的重要性（Bian, 1997）。

②与信息优势和友谊优势相比，影响优势的中介作用更为突出。

前文中，我们假设，信息优势、影响优势和友谊优势都会分别在网络特征到销售绩效的影响机制中发挥中介获多重中介作用。然而，在网络规模对行为绩效和结果绩效的影响机制中，信息优势没有发挥中介作用；在连带强度的影响机制中，只有影响优势发挥中介作用；在中介中心性的影响机制中，信息优势和友谊优势都没有发挥中介作用。由此，影响优势的中介作用更为突出，信息优势和友谊优势的中介作用则相对减弱。影响优势作用突出、信息优势和友谊优势作用减弱与中国的"关系"文化因素息息相关。当"关系"文化影响过于深远时，"关系"有时会取代规章制度（Bian, 1997; Xiao et al., 2007; Gu et al., 2008），导致不完全竞争等消极结果。由此，影响优势成为影响决策的关键因素，而信息优势和友谊优势的作用会受到限制。当"关系"取代规章制度之后，"关系"所蕴含的影响力会成为决定工具性和情感性行为绩效的关键因素，从而使影响优势的中介作用大于信息优势和友谊优势的中介作用。

6.2　研究贡献

本研究以社会网络理论为基础，讨论销售人员组织外自我中心网三个网络特征对其销售绩效的影响，以及信息优势、影响优势和友谊优势三种资源优势的多重中介作用。本研究的研究贡献主要表现在以下三个方面：

①本研究从社会网络视角入手，分析销售人员的社会网络关系特征和结构特征对销售绩效的影响。研究发现，连带强度对行为绩效和结果绩效的直接正向影响显著，而网络规模和中介中心性的影响不显著。连带强度的影响显著与强连带在"关系"文化中的重要性相关，而网络规模和中介中心性影响不显著与弱关系在"关系"文化中的次要性、销售工作的低复杂性，以及销售人员管理网络的能力边际递减等因素相关。

②本研究从社会资源理论和个人图式理论出发，引入资源优势概念，验证了社会网络特征对销售绩效的多重中介机制。资源优势是指销售人员运用个体主观能力、动机和机会，从其社会网络中获取的、能够帮助自己实现既定销售目标的信息、影响和友谊优势的总和。资源优势在连带强度和行为绩效之间发挥多重中介作用。然而，间接作用分析表明，在资源优势对结果绩效的影响中，只有影响优势在其中发挥中介作用，信息优势和友谊优势的中介作用不显著。信息优势和友谊优势中介作用不显著与"关系"文化过于深远导致的不完全竞争和绩效转化的时间差有关。

③与西方情境中的实证研究结论不同的是，本研究发现，在"关系"文化情境中，强连带的作用得到强化，弱连带和中介中心性的影响被削弱，同时，影响优势的中介作用更为突出，信息优势和友谊优势的作用被削弱。强连带和影响优势的突出作用与"关系"文化密不可分。"关系"文化强化和巩固关系的远近和亲疏，强调"亲情"和"人情"交往法则。因此，关系长久、互动频率、亲密程度和互惠程度高的强连带能够带来更

丰富的资源优势。同时，有时"关系"文化影响过于深远，"关系"的不完全竞争可能会导致信息优势和友谊优势的作用被削弱，从而使影响优势的中介作用更为突出。

此外，本研究选择相关量表对概念模型和关系假设中的变量进行测量和验证（见表4.1、表4.2和表4.3）。其中，连带强度和资源优势量表的测量和验证具有特别的意义。

第一，本研究验证了连带强度量表在中国文化背景下的适用性。连带强度包括四个维度，关系久暂、互动频率、亲密程度和互惠行为（Granovetter，1973）。根据这四个维度，行动者之间的连带强度分为强连带和弱连带。然而，虽然维度划分非常明确，但实证研究中，连带强度的测量仍然存在分歧：①实证研究中，关系久暂、互动频率和亲密程度是学者们广泛采用的维度，并已发展出特定指标，列入了美国一般社会调查之中（Marsden et al.，1984）。然而，互惠行为却鲜有测量。②连带强度四个维度是在西方文化影响下而形成的，这四个维度在中国文化情境中的适用性是值得研究者考虑的问题。因此，测量连带强度时，本研究根据儒家文化"报"（reciprocity）的潜在影响，将互惠行为维度也包括在内。实证研究结果发现，中国文化背景下，关系久暂、亲密程度和互惠行为是影响中国人之间连带强度的重要维度，而互动频率的影响相对减弱。该结论证实了互惠行为维度的重要性，表明中国情境中"报"的色彩尤为突出（Hwang，1987）。该结论也再次证实了互动频率维度在中国文化情境下的不适用性（罗家德，2010）。罗家德（2010）运用关系久暂、互动频率和亲密程度三个维度来测量连带强度，发现关系久暂和亲密程度是影响中国人之间连带强度的重要维度，而互动频率并不是，因为在中国情境下，一段时间内高频率的互动并不能说明双方关系的强度。

第二，本研究关注行动者从社会网络中获取的资源优势，并借鉴Adler和Kwon（2002）的思想，将行动者利用社会网络资源而得到的资源优势细化为三个维度，信息、影响和友谊。本研究将信息优势定义为行动者获取并利用多种信息资源的优势，运用 Mathwick 等（2008）的信息量表进行测量；将影响优势定义为行动者控制影响他人态度和行为的优势，运用 Pullins 等（1996）的影响量表进行测量；将友谊优势定义为行动者与之间独立于任何单独交易的信任和承诺的优势，运用 Price 和 Arnould（1999）的友谊量表进行测量。PLS-SEM 测量模型结果表明，Mathwick 等（2008）的信息量表中的三个题项、Pullins 等（1996）影响量表中的四个题项以及 Price 和 Arnould（1999）友谊量表中的四个题项具有较高的内部一致性、收敛效度和区别效度，适用于社会资源优势在中国情境中的测量。随后的结构模型结果也表明，信息优势、影响优势和友谊优势的 R^2 值满足相关要求，社会资源优势三个维度的解释能力和预测能力较强。总体说来，从理论角度将个体行动者从社会网络中获取的资源优势细化为三个维度，并运用其他学者开发的成熟量表进行验证，本研究为社会资源优势操作化问题指出了一条发展路径。

6.3　管理实践意义

在取得理论和实证贡献的同时，本研究为服务行业中销售人员自我中心网提供了构建策略，也为对销售管理提供了建议。具体讨论如下。

6.3.1　销售人员自我中心网构建策略

本研究结论指出，销售人员的组织外自我中心网对其绩效提升具有显著的正向影响，信息优势、影响优势和友谊优势在其中发挥多重中介作用。这样的研究结论为销售人员绩效提升指出了一条可行的发展路径，也为销售人员自我中心网建立提供了具有指导性的构建策略。具体策略如下：

①根据销售阶段，控制组织外社会网络的网络规模。本研究证实，网

络规模、信息优势和行为绩效之间存在因果关系。网络规模通过信息优势，间接影响销售人员的行为绩效。这样的研究结论表明，销售人员组织外社会网络的网络规模越大，组织外社会网络连带越多，销售人员从中获取并利用的与销售工作相关的、及时的、多样的信息资源越多，销售人员越能够快速寻找并定位潜在顾客，与潜在顾客沟通、联系，计划、安排会面和销售活动，从而提高自己的行为绩效。然而，网络规模、信息优势和结果绩效之间并不存在因果关系。也就是说，即使销售人员能够从数量较多的组织外社会网络连带中获取有价值的信息资源，安排会面等销售活动，但销售人员的结果绩效却得不到提升。这样的研究结论表明，销售人员应该根据具体销售阶段，控制自己的组织外社会网络规模。具体来说，在组织外社会网络建立初期，销售人员可以尽量增加自己的组织外连带数量，并与网络成员充分交流、沟通，以获取足够多的、有价值的销售信息资源。但在销售阶段中后期，销售人员应该注意控制组织外连带数量和规模，并在已有连带中进行分类和筛选，挑选出更有价值的连带，作为提升结果绩效的有效途径。

②建立强连带，获取信息、建立友谊，并着重提升影响力。本研究证实，连带强度显著正向影响销售人员行为绩效，信息优势、影响优势和友谊优势都在其中发挥显著的多重中介作用。这样的研究结论表明，销售人员与组织外连带的连带强度越强，销售人员在获取信息资源、提升自身影响力和建立友谊方面的优势越大，销售人员快速寻找并定位潜在顾客，计划安排一系列销售活动的概率越大，销售人员的行为绩效也越高。因此，与组织外社会网络成员保持亲密互惠关系，是销售人员行为绩效得到提升的有效保证。此外，本研究也证实，在连带强度对结果绩效的影响中，影响优势发挥显著的中介作用，信息优势和友谊优势的中介作用却不显著。这样的研究结论表明，对提升结果绩效来说，影响优势具有决定性作用。原因在于，虽然销售人员可以从大量组织外连带中获取信息、建立友谊，从而快速寻找并定位潜在顾客，计划安排一系列销售活动，但销售人员具

有的影响网络成员的优势才是网络成员购买产品和服务的关键因素。也就是说，影响优势才是决定销售人员结果绩效的重要中介变量。由此，销售人员可根据不同销售时期，着重获取不同的资源优势。具体来说，在销售阶段初期，销售人员应该重点从组织外社会网络成员处获取信息资源，与组织外社会网络成员建立友谊；而在销售活动中后期，销售人员应该着重提升自身的影响力，提高销售活动效率，从而顺利实现销售目标。

总体来说，销售人员应该注重发展与组织外社会网络成员的关系强度和亲密程度，而不是一味地发展网络连带，扩大网络规模。此外，销售人员在与网络成员交往时，应该注重培养自身的影响优势，而不是单纯的获取信息或建立友谊。

6.3.2 销售管理建议

大部分服务业公司在销售人员工招聘和培训时，重视服务提供者，即销售人员的个人素质，认为销售人员的智能、技巧、动机、个人因素、销售智慧、适应性销售和勤奋工作等个体层面因素是预测销售人员绩效的主要变量。虽然销售人员的个人素质得到重视，但服务业，特别是保险业销售人员的人员流动率仍然居高不下，销售人员之间的销售绩效仍然差异巨大。本研究结论指出，销售人员的组织外自我中心网对其绩效提升具有显著的正向影响，信息优势、影响优势和友谊优势在其中发挥多重中介作用。这样的研究结论也为人员招聘、员工培训和销售管理提供了指导性建议。

①招聘组织外社会网络规模较大、关系强度较高的员工。本研究证实，在中国"关系"文化情境下，销售人员的组织外连带越多，网络规模越大，与成员之间的连带强度越大，销售人员从中获取的信息优势、影响优势和友谊优势更为突出，行为绩效和结果绩效提升越快。这样的研究结论表明，在销售人员招聘工作中，销售经理们应该招聘具有大量组织外连带，并能与之保持亲密关系的销售人员。

127

②提供组织支持和激励措施，帮助销售人员建立、维系组织外社会网络连带，并培养销售人员的影响力。本研究证实，销售人员与组织外连带的连带强度越强，销售人员在获取信息资源、提升自身影响力和建立友谊方面的优势越大，销售人员快速寻找并定位潜在顾客，计划安排一系列销售活动的概率越大，销售人员的行为绩效和结果绩效也越高。因此，销售经理们应该引导销售人员重视亲密互惠的组织外关系对其销售绩效的促进作用，同时向销售人员提供组织支持和团队支持，使销售人员能够建立跨越组织边界，与组织外人员建立亲密互惠关系，获取更多的信息、影响和友谊优势，最终提高销售人员个体和销售团队、销售部门的整体行为绩效和结果绩效。同时，本研究证实，信息优势和友谊优势对行为绩效的促进作用显著，对结果绩效的促进作用不显著。而影响优势对行为绩效和结果绩效的促进作用都显著。因此，销售经理应该在员工培训环节，着重培养、训练、提升个体销售人员影响客户和顾客态度和行为的能力。

③整合公司资源，合理利用销售人员组织外连带带来的信息优势。本研究证实，网络规模、连带强度会带来信息优势，但信息优势对销售人员的结果绩效提升作用不显著。这样的研究结论表明，大量组织外连带会为个体销售人员和组织带来大量丰富、多样、非冗余的销售信息。但由于销售人员个体影响优势的欠缺，信息优势并不一定带来个体销售人员结果绩效的提升。然而，在信息经济时代，信息资源是同业竞争之中的重要比较优势。虽然信息资源优势并不一定带来个体销售人员结果绩效的提升，销售经理却可以通过整合公司、部门、团队整体人力、物力的方式，为销售人员提供个体销售人员力不能及的组织支持，或者将销售人员的个体信息资源优势转化为公司、部门、团队所拥有的集体优势，同时及时为个体销售人员提供经济、情感、职业发展等方面的补偿，最终将信息资源优势这种重要的比较优势转化为个体、团队、部门和公司共同的结果绩效。

本研究为服务行业中，特别是保险业中销售人员自我中心网提供了构建策略，也为人员招聘、员工培训和销售管理提供了指导性建议。相应的构建策略和建议能够帮助销售人员更加适应服务性行业中的销售工作，保持旺盛的战斗力，取得更高的行为绩效和结果绩效，从而降低保险销售人员流动率，提高销售管理效率。

6.4 研究局限和未来研究方向

本研究证实了网络规模和连带强度对销售人员绩效的显著正向影响，以及信息优势、影响优势和友谊优势的中介作用。然而，本研究仍然存在以下研究局限：

①网络特征选择问题。本研究选择网络规模、连带强度、中介中心性三个变量代表销售人员组织外自我中心性网。然而，自我中心网中还包括网络多样性、网络密度、小集团等其他网络特征。由于结构特征指标在解释个体位置与销售人员绩效方面潜力巨大（罗家德，2010），不同网络指标也会带来不同的资源优势（Sandefur et al.，1998），本研究希望，未来相关研究能够关注这些网络特征对销售绩效的影响，以及信息优势、影响优势和友谊优势的中介作用，得出令人满意的实证研究结果。

②销售人员绩效数据问题。销售人员绩效数据是销售人员个人以及被调查保险公司的商业秘密。因此，本研究没有取得销售人员的客观销售绩效数据。这是在收集调查中国公司数据，尤其是中国民营企业数据时经常面临的问题（陈晓萍 等，2010）。因此，我们采取销售人员自我报告法（self-report）测量保险销售人员的结果绩效。虽然自我报告法得出的绩效数据比真实数据更为主观，但 Churchill 等（1985）证实，这种方法得出的数据不会产生结果的向上偏差（upward bias）。根据 Podsakoff 等（2003）的建议，本研究在数据收集阶段，采取了改变题项顺序、被调查者匿名等手段进行程序控制，降低有可能在被调查者中存在的社会期许效应。同时，本研究采取了不可直接测量的共同因子检验和 Harman 单因素

检验进行统计控制。检验结果表明，本研究数据不存在共同方法偏差问题。然而，绩效研究中，真实、客观的销售数据的适用性和可推广性仍然优于自我报告法。因此，本研究希望未来相关研究能够尽量协调与中国公司的关系，取得真实、客观的销售数据，得出更为可靠的研究结果。

③本研究结论的文化特殊性。本研究提出，中国保险业销售人员组织外社会网络的网络规模、连带强度和中介中心性会正向影响他们的销售绩效；信息优势、影响优势和友谊优势会在影响关系中发挥中介作用。然而，本研究结果表明，连带强度显著正向影响销售人员的行为绩效和结果绩效，信息优势、影响优势和友谊优势在其中发挥中介作用；网络规模通过信息优势间接影响销售人员行为绩效和结果绩效；中介中心性对绩效的影响不显著，信息优势和影响优势的中介作用也不显著。上述研究结果和在西方公开竞争市场和个体主义情境下展开的实证研究结果具有差异（Calabrese et al., 2000；Rodan et al., 2004；Cross et al., 2004）。因此，本研究希望，未来研究能够重视文化情境的作用，展开组织外社会网络对销售绩效影响的跨文化研究。

参考文献

白璇，李永强，赵冬阳，2012. 企业家社会资本的两面性：一项整合研究 [J]. 科研管理，33（3）：27-35.

蒋春燕，赵曙明，2006. 社会资本和公司企业家精神与绩效的关系：组织学习的中介作用：江苏与广东新兴企业的实证研究 [J]. 管理世界，（10）：90-99.

李晶晶，柴俊武，2007. 销售绩效影响因素的文献综述与研究展望 [J]. 营销科学学报，（3）：115-125.

MARTIN KILDUFF, WENPIN TSAI, RALPH HANKE, 2013. 范式未成？再论对社会网络研究进展的动态稳定性 [J]. 李永强，车瑜，曾媛媛，译. 经济管理，（6）：188-199.

李永强，杨建华，白璇，等，2012. 企业家社会资本的负面效应研究：基于关系嵌入的视角 [J]. 中国软科学，（10）：104-116.

罗家德，2010. 社会网分析讲义 [M]. 2版. 北京：社会科学文献出版社.

奇达夫，蔡文彬，2007. 社会网络与组织 [M]. 王凤彬，朱超威，等译. 北京：中国人民大学出版社.

裴一蕾，2009. 企业一线销售人员授权与其销售绩效关系研究 [D]. 长春：吉林大学.

韦影，2007. 企业社会资本与技术创新：基于吸收能力的实证研究 [J]. 中国工业经济，（9）：119-127.

许正良，2004. 管理研究方法 [M]. 长春：吉林大学出版社.

杨俊，张玉利，杨晓非，等，2009. 关系强度，关系资源与新企业绩效：

基于行为视角的实证研究 [J]. 南开管理评论, (4): 44-54.

杨宜音, 1995. 试析人际关系及其分类: 兼与黄光国先生商榷 [J]. 社会学研究, (5): 18-23.

张爱卿, 1993. 社会图式理论述 [J]. 国外社会科学, (10): 61-65.

张文宏, 2006. 中国城市的阶层结构与社会网络 [M]. 上海: 世纪出版集团, 上海人民出版社.

ADAMS J S, 1976. The structure and dynamics of behavior in organizational boundary roles [M] //DUNNETTE M. Handbook of industrial and organizational psychology . Chicago: Rand-McNally.

ADAMS J S, 1980. Interorganizational processes and organization boundary roles [J]. Research in organization behavior , 2: 321-355.

ADLER P S, 2001. Market, hierarchy, and trust: The knowledge economy and the future of capitalism [J]. Organization Science, 12: 215-234.

ADLER P S, KWON S W, 2002. Social capital: Prospects for a new concept [J]. Academy of Management Review, 27 (1): 17-40.

AHUJA M K, GALLETTA D F, CARLEY K M, 2003. Individual centrality and performance in virtual R&D groups: An empirical study [J]. Management Science, 49 (1): 21-38.

ALDRICH H E, 1979. Organizations and environirtents [M]. Englewood Cliffs, NJ: Prentice Hall.

ALLEN M P, PANIAN S K, 1982. Power, performance, and succession in the large corporation [J]. Administrative science quarterly, 27 (4): 538-547.

ANHEIER H K, GERHARDS J, ROMO F P, 1995. Forms of capital and social structure in cultural fields: Examining Bourdieu's social topography [J]. American journal of sociology, 100: 859-903.

ASHWIN W J, SHEILA R, 2001. The indirect effects of organizational controls on salesperson performance and customer orientation [J]. Journal of Business

Research, 1 (54): 1-10.

BABAKUS E, CRAVENS D W, GRANT K, et al., 1996. Investigating the relationships among sales management control, sales territory design, salesperson performance and sales organization effectiveness [J]. International Journal of Research in Marketing, 13 (4): 345-363.

BAGOZZI R R, YI Y, 1988. On the evaluation of structural equation models [J]. Journal of the academy of marketing science, 16 (1): 74-94.

BAKER W, 1990. Market networks and corporate behavior [J]. American journal of sociology, 96 (3): 589-625.

BALDAUF A, CRAVENS D W, GRANT K, 2002. Consequences of sales management control in field sales organizations: a cross - national perspective [J]. International business review, 11: 577-609.

BALDWIN T T, BEDELL M D, JOHNSON J L, 1997. The social fabric of a team-based MBA program: Network effects on student satisfaction and performance [J]. Academy of management journal, 40 (6): 1369-1397.

Baron R M, Kenny D A, 1986. The moderator-mediator variable distinction in social psychological research: Conceptual, strategic, and statistical considerations [J]. Journal of personality and social psychology, 51 (6): 1173-1182.

BATES R A, HOLTON E F, 1995. Computerized performance monitoring: A review of human resource issues [J]. Human resource management review, 5 (4): 267-288.

BAUM J A C, CALABRESE T, SILVERMAN B S, 2000. Don't go it alone: alliance network composition and startups' performance in Canadian biotechnology [J]. Strategic management journal, 21 (3): 267-294.

BEHRMAN D N, PERREAULT W D, 1982. Measuring the performance of industrial salespersons. Journal of business research, 10 (3): 355-370.

BERNARDIN JOHNSON, 1995. Performance appraisal design, development and implementation [M] // FERRIS G R, ROSEN S D, BARNUM D T. Handbook of human resource management. Cambridge: Blackwell.

BIAN Y J, 1997. Bringing strong ties back in: Indirect ties, network bridges, and job searches in China [J]. American sociological review, 62 (2): 366-385.

BOOROM M L, GOOLSBY J R, RAMSEY R P, 1998. Relational communication traits and their effect on adaptiveness and sales performance [J]. Journal of the academy of marketing science, 26: 16-31.

BORGATTI S P, EVERETT M G, 1995. A graph-theoretic perspective on centrality [J]. Social networks, 28 (4): 466-484.

BORGATTI S P, EVERETT M G, 2000. Models of core/periphery structures [J]. Social networks, 21: 375-395.

BOURDIEU P, 1985. The forms of capital [M] //J G RICHARDSON. Handbook of theory and research for the sociology of education. New York: Greenwood.

BOURDIEU P, WACQUANT L J D, 1992. An invitation to reflexive sociology [M]. Chicago: University of Chicago Press.

BOXMAN E A W, FLAP H D, DE GRAAF P M, 1991. The impact of social and human capital on the income attainment of Dutch managers [J]. Social networks, 13 (1): 51-73.

BRASS D J, 1984. Being in the right place: A structural analysis of individual influence in an organization [J]. Administrative science quarterly, 29 (4): 518-539.

BRASS D J, GALASKIEWICZG J, GREVE H R, et al., 2004. Taking stock of networks and organizations: A multilevel perspective [J]. Academy of management journal, 47 (6): 795-817.

BRUMBRACH, 1988. Performance management [M]. London: The Cronwell Press.

BURT R S, 1992. Structural holes: The social structure of competition. Cambridge, MA: Harvard University Press.

BURT R S, 1997. The contingent value of social capital [J]. Administrative science quarterly, 42 (2): 339-365.

BURT R S, 2001. Structural holes versus network closure as social capital [M] // LIN N, COOK K S, BURT R S. Social capital: Theory and research. New York: Aldine de Gruyter: 31-56.

BURT R S, 2005. Brokerage and closure: An introduction to social capital [M]. New York: Oxford University Press.

BUTT R S, 1995. Le capital social, les trous structuraux, et l'entrepreneur [J]. translated by Emmanuel Lazega. Revue Franvaise de Sociologie, 36: 599-628.

CAMPBELL, MCCLOY, OPPER, et al., 1993. A theory of performance [M] // SCHMITT N, BORMAN W C. Associates personnel selection in organizations [M]. San Francisco: Jossey-Bass.

CHEN C C, CHEN X P, MEINDL J R, 1998. How can cooperation be fostered? The cultural effects of individualism – collectivism [J]. Academy of management review, 23 (2): 285-304.

CHIN W, 1998. Issues and opinion on structural equation modeling [J]. MIS Quarterly, 22 (1): 7-16.

CHURCHILL G A, FORD N M, WALKER O C, 2000. Sales force management [M]. 6th ed. Chicago: Richard D. Irwin.

CHURCHILL G A, FORD N M, HARTLEY S W, 1985. The determinants of salesperson performance: A meta – analysis [J]. Journal of marketing research, 22 (2): 103-118.

COHEN J, 1988. Statistical power analysis for the behavioral sciences [M]. 2nd ed. New Jersey: L. Erlbaum Associates.

COHEN S, SYME S L, 1985. Social support and health [M]. Orlando: Academic Press.

COHEN W M, LEVINTHAL D A, 1990. Absorptive capacity: A new perspective on learning and innovation [J]. Technology, organizations and innovation, 35 (1): 128-152.

COLEMAN J S, 1988. Social capital in the creation of human capital [J]. American Journal of Sociology, 94: 95-120.

COLEMAN J S, 1990. Foundations of social theory [M]. Cambridge: Harvard University Press.

COLLINS C J, CLARK K D, 2003. Strategic human resource practices, top management team social networks, and firm performance: The role of human resource practices in creating organizational competitive advantage [J]. Academy of management journal, 46 (6): 740-751.

CORRA M, WILLER D, 2002. The gatekeeper [J]. Sociological theory, 7: 180-205.

COTE J A, BUCKLEY R, 1987. Estimating trait, method, and error variance: Generalizing across 70 construct validation studies [J]. Journal of marketing research, 24: 315-318.

COWAN T, JONARD T, 2008. If the alliance fits: Innovation and network dynamics [M] // BAUM J A C, ROWLEY T J. Network strategy: Advances in strategic management. Bingley: JAI/Emerald Group: 427-455.

CRAVENS D W, INGRAM T N, LAFORGE R W, et al., 1993. Behavior-based and outcome-based sales force control systems [J]. Journal of marketing, 4 (57): 47-59.

CRAWFORD E R, LEPINE J A, 2013. A configural theory of team processes:

Accounting for the structure of taskwork and teamwork [J]. Academy of management review, 38 (1): 32-48.

CROSBY L A, EVANS K R, COWLES D, 1990. Relationship quality in services selling: An interpersonal influence perspective [J]. Journal of marketing, 54 (3): 68-81.

CROSS R, CUMMINGS J N, 2004. Tie and network correlates of individual performance in knowledge-intensive work [J]. Academy of management journal, 47 (6): 928-937.

D'AVENI R A, KESNER I, 1993. Top managerial prestige, power and tender offer response: A study of elite social networks and target firm cooperation during takeovers [J]. Organization science, 4 (2): 123-151.

DEETER-SCHMELZ D R, RAMSEY R P, 2010. A psychometric assessment of the Lennox and Wolfe self-monitoring scale in the sales force [J]. Industrial marketing management, 39: 1162-1169.

DWYER F R, SCHURR P H, OH S, 1987. Developing buyer-seller relationships [J]. Journal of marketing, 51 (2): 11-27.

FANG E, PALMATIER R W, EVANS K P, 2004. Dual-setting paradoxes? Trade-offs between working hard and working smart: the United States versus China [J]. Journal of the academy of marketing science, 32 (2): 188-202.

FEI H T, 1948. Peasant life in China [M]. London: Routledge & Kegan.

FERMANDO J, MARSHALL G W, 2004. Critical success factors in the personal selling process: An empirical investigation of ecuadorian salespeople in the banking industry [J]. The international journal of bank marketing, 22 (1): 9-25.

FERNANDEZ R M, GOULD R V, 1994. A dilemma of state power: Brokerage and influence in the national health policy domain [J]. American journal of sociology, 99: 1455-1491.

FIOL C M, LYLES M A, 1985. Organizational learning [J]. The academy of management review, 10 (4): 803-813.

FLAHERTY K, LAM S K, LEE N, et al., 2012. Social network theory and the sales manager role: Engineering the right relationship flows [J]. The journal of personal selling & sales management, 32 (1): 29-40.

FORNELL C, LARCKER D F, 1981. Evaluating structural equation models with unobservable variables and measurement error [J]. Journal of marketing research, 18 (1): 39-50.

FREEMAN L C, 1979. Centrality in social networks conceptual clarification [J]. Social networks, 79 (1): 215-239.

FUKUYAMA F, 1995. Trust: The social virtues and the creation of prosperity [M]. New York: Free Press.

GAAG M V D, SNIJDERS T A B, 2005. The resource generator: social capital quantification with concrete items [J]. Social Networks, 27 (1): 1-29.

GABBAY S M, LEENDERS R TH A J, 1999. CSC: The structure of advantage and disadvantage [M] // LEENDERS R TH A J, GABBAY S M. Corporate social capital and liability. Boston: Kluwer: 1-14.

GABBAY S M, ZUCKERMAN E W, 1998. Social capital and opportunity in corporate R&D: The contingent effect of contact density on mobility expectations [J]. Social science research, 27: 189-217.

GLAZER R, 1991. Marketing in an information-intensive environment: Strategic implications of knowledge as an asset [J]. Journal of marketing, 55 (3): 1-19.

GOLD T B, GUTHRIE D, WANK D L, 2002. Social connections in China: Institutions, culture, and the changing nature of Guanxi [M]. New York: Cambridge University Press.

GRANOVETTER M S, 1973. The strength of weak ties [J]. American journal of sociology, 78 (6): 1360-1380.

GRANOVETTER M S, 1983. The strength of weak ties: A network theory revisited [J]. Sociological Theory, 1 (1): 201-233.

GU F F, HUNG K, TSE D K, 2008. When does Guanxi matter? Issues of capitalization and its dark sides [J]. Journal of Marketing, 72 (4): 12-28.

HAENLEIN M, KAPLAN A M, 2010. A beginner's guide to partial least squares analysis [J]. Understanding Statistics, 3 (4): 283-297.

HAIR J F, BLACK W C, BABIN B J, et al., 2010. Multivariate data analysis [M]. 7th Ed. Englewood Cliffs: Prentice Hall.

HAIR J F, RINGLE C M, SARSTEDT M, 2011. PLS-SEM: Indeed a silver bullet [J]. Journal of marketing theory and practice, 19 (2): 139-151.

HAKANSSON H, SNEHOTA I, 1995. Developing relationships in business networks [M]. London: Routledge.

HALL E T, 1976. Beyond culture [M]. New York: Anchor-Doubleday.

HANNEMAN R A, RIDDLE M, 2005. Introduction to social network methods [EB/OL]. (2009-08-21) [2020-10-10]. http://www.faculty.ucr.edu/~hanneman/nettext/C0_Preface.html.

HANSEN M T, 2002. Knowledge networks: Explaining effective knowledge sharing in multiunit companies [J]. Organization science, 13: 232-248.

HANSEN M T, 1998. Combining network centrality and related knowledge: Explaining effective knowledge sharing in multiunit firms [R]. Boston: Harvard Business School.

HANSEN M T, PODOLNY J, PFEFFER J, 1999. Social networks in organizations-capital or liability? [R]. Boston: Harvard Business School.

HANSEN M T, PODOLNY J M, PFEFFER J, 2001. So many ties, so little time: A task contingency perspective on corporate social capital in organizations [J]. Social capital of organization, 18: 21-57.

HANSEN M T, 1999. The search-transfer problem: The role of weak ties in sharing knowledge across organization subunits [J]. Administrative science quarterly, 44 (1): 82-111.

HAYES A F, 2009. Beyond Baron and Kenny: Statistical mediation analysis in the new millennium [J]. Communication monographs, 76 (4): 408-420.

HAYES A F, PREACHER K J, MYERS T A, 2011. Mediation and the estimation of indirect effects in political communication research [M] // BUCY E P, HOLBERT R L. Sourcebook for political communication research: Methods, measures, and analytical techniques. New York: Routledge: 434-465.

HAYTHORNTHWAITE C, KAZMER M M, ROBINS J, et al., 2000. Community development among distance learners: Temporal and technological dimensions [J]. Journal of computer-mediated communication, 6 (1).

HICKSON D J, HININGS C R, LEE C A, et al., 1971. The strategic contingencies' theory of intraorganizational power [J]. Administrative science ouarterly, 16: 216-229.

HOUSE J S, LANDIS K S, UMBERSON D, 1988. Social relationships and health [J]. Science, 241 (4885): 540-545.

HUBER G P, 1991. Organizational learning: The contributing processes and the literatures [J]. Organization science, 2 (1): 88-115.

HUNTER J E, SCHMIDET F L, JUDIESCH M K, 1990. Individual differences in output variability as a function of job complexity [J]. Journal of applied psychology, 75: 28-42.

HWANG K K, 1987. Face and favor: The Chinese power game [J]. American journal of sociology, 92 (4): 944-974.

INGRAM T N, LEE K S, LUCAS G H, 1991. Commitment and involvement: Assessing a salesforce typology [J]. Journal of the academy of marketing science, 19 (3): 187-197.

JONES E, BROWN S P, ZOLTNERS A A, et al., 2005a. The changing environment of selling and sales management [J]. Journal of personal selling & sales management, 25 (2): 105-111.

JONES E, DIXON A L, CHONKO L B, et al., 2005b. Key accounts and team selling: A review, framework, and research agenda [J]. Journal of personal selling & sales management, 25 (2): 181-198.

JOSHI A W, RANDALL S, 2001. The indirect effects of organizational controls on salesperson performance and customer orientation [J]. Journal of business research, 54: 1-9.

KAISER H F, 1970. A second-generation little jiffy [J]. Psychomettrika, 35 (4): 401-405.

KIM D H, 1993. The link between individual and organizational learning [J]. Sloan management review, Fall: 37-50.

KNOKE T, 1999. Economic analysis of the wood production in a mixed, uneven-aged forest [M] // OLSTHOORN A F M, BARTELINK H H, GARDINER J J, et al. Management of mixed-species forest: Silviculture and economics, Wageningen: IBN-DLO Scientific Contributions: 294-305.

KOSTOVA T, ROTH K, 2003. Social capital in multinational corporations and a micro-macro model of its formation [J]. Academy of management review, 28 (2): 297-317.

KRACKHARDT D, 1992. The strength of strong ties: The importance of philos in organizations [M] // NOHRIA N, ECCLES R G. Networks and organizations: structure, form and action. Boston: Harvard Business School Press: 216-240.

KRACKHARDT D, STERN R, 1988. Informal networks and organizational crises: An experimental simulation [J]. Social psychology quarterly, 51 (2):

123-140.

LAM S K, KRAUS F, AHEARNE M, 2010. The diffusion of market orientation throughout the organization: A social learning theory perspective [J]. Journal of marketing, 74 (5): 61-79.

LANDAU J C, WERBEL J D, 1995. Sales productivity of insurance agents during the first six months of employment: Differences between older and younger new hires [J]. Journal of personal selling & sales management. 15 (4): 33-43.

LAZERSON M, 1995. A new phoenix: Modern putting-out in the Modena knitwear industry [J]. Administrative science quarterly, 40: 34-59.

LEANA C R, VAN BUREN H J, 1999. Organizational social capital and employment practices [J]. Academy of management review, 24(3): 538-555.

LEUNG K, BOND M H, 1984. The impact of cultural collectivism on reward allocation [J]. Journal of personality and social psychology, 47 (4): 793-804.

LEVIN D Z, CROSS R, 2004. The strength of weak ties you can trust: The mediating role of trust in effective knowledge transfer [J]. Management science, 50 (11): 1477-1490.

LEVY M, WEITZ B A, 2003. Retailing Management [M]. Boston: McGraw-Hill/Irwin.

LIN N, 1982. Social resources and instrumental action [M] // MARSDEN P V, LIN N. Social structure and network analysis. Beverly Hills: Sage: 131.

LIN N, DUMIN M, 1986. Access to occupations through social ties [J]. Soc. Networks, 8: 365-385.

LIN N, 1995. Les ressources sociales: Une theorie du capital social [J]. Rev. Francaise de Sociol, XXXVI (4): 685-704.

LIN N, 1999. Social network and status attainment [J]. Annual review of sociology, 25 (1): 467-487.

LIN N, 1999a. Building a network theory of social capital [J]. Connections, 22 (1), 28-51.

LIN N, 2005. A network theory of social capital [M] // CASTIGLIONE D, DETH J, WOLLEB G. Handbook on social capital. Oxford: Oxford University Press.

LUO J D, 2010. Social network analysis [M]. Beijing: Social Science and Literature Press.

LUO X M, GRIFFITH D A, LIU S S, et al., 2004. The effects of customer relationships and social capital on firm performance: A Chinese business illustration [J]. Journal of international marketing, 12 (4): 25-45.

LUO Y, CHEN M, 1996. Managerial implications of guanxi – based business strategies [J]. Journal of international management, 2 (4), 293-316.

MACKENZIE S B, PODSAKOFF P M, FETTER R, 1993. The Impact of organizational citizenship behavior on evaluations of salesperson performance [J]. Journal of marketing, 57: 70-80.

MACKINNON D P, LOCKWOOD C M, HOFFMAN J M, et al., 2002. A comparison of methods to test mediation and other intervening variable effects. Psychological Methods, 7 (1), 83-104.

MACKINNON D P, LOCKWOOD C M, WILLIAMS J, 2004. Confidence limits for the indirect effect: Distribution of the product and resampling methods [J]. Multivariate behavioral research, 39 (1), 99-128.

MAK Y T, YUANTO KUSNADI, 2005. Size really matters: Further evidence on the negative relationship between board size and firm value [J]. Pacific – Basin finance journal, 13: 301-318.

MARCH J C, 1991. Exploration and exploitation in organization learning [J]. Organization science, 2 (1): 71-87.

MARSDEN P V, 2002. Egocentric and sociocentric measures of network central-
ity [J]. Social networks, 24 (4): 407-422.

MARSDEN P V, CAMPBELL K E, 1984. Measuring tie strength. Social forces,
63 (2): 482-501.

MATHWICK C, WIERT C, DE RUYTER K, 2008. Social capital production in
a virtual P3 community [J]. Journal of consumer research, 34 (6): 832-
849.

MAURER I, EBERS M, 2006. Dynamics of social capital and their performance
implications: Lessons from biotechnology start-ups [J]. Administrative sci-
ence quarterly, 51 (2): 262-292.

MITCHELL J C, 1969. The concept and use of social networks [M] //
MITCHELL J C. Social network in urban situations . Manchester: Manchester
University Press: 203.

MONEY B, GILLY M, GRAHAM J, 1998. Explorations of national vulture and
word of mouth referral behaviour in the purchase of industrial services in the
United States and Japan. Journal of Marketing, 62 (4): 76-87.

MOON M A, ARMSTRONG G M, 1994. Selling teams: A conceptual framework
and research agenda [J]. Journal of personal selling & sales management, 14
(1): 17-30.

MURPHY. Job performance and productivity [M] // MURPHY K R, SAAL F
E. Psychology in organizations. Hillsdale: Erlbaum, 1990.

NAHAPIET J, GHOSHAL S, 1998. Social capital, intellectual capital, and the
organizational advantage [J]. Academy of management review, 23 (2): 242-
266.

NARAYAN D, CASSIDY M F, 2001. A dimensional approach to measuring so-
cial capital [J]. Current Sociology, 49 (2): 59-102.

OBSTFELDT D, 2005. Social networks, the tertius iungens orientation, and involvement in innovation. Administrative Science Quarterly, 50 (1): 100–130.

OH H S, CHUNG M H, LABIANCA G, 2004. Group social capital and group effectiveness: The role of informal socializing ties [J]. Academy of management journal, 47 (6): 860–875.

PARK J E, HOLLOWAY B B, 2003. Adaptive selling behavior revisiter: An empirical examination of learning orientation, sales performance and job satisfaction [J]. Journal of personal selling & sales management, 3 (23): 239–242.

PARK S H, LUO Y, 2001. Guanxi and organizational dynamics organizational networking in Chinese firms [J]. Strategic management journal, 22 (5): 455–477.

PEARLIN L I, 1989. The sociological study of stress [J]. Journal of health and social behavior, 30 (3): 241–256.

PENG M W, LUO Y, 2000. Managerial ties and firm performance in a transition economy: The nature of a micro–macro link [J]. Academy of management journal, 43 (3): 486–501.

PFEFFER J, SALANCIK G, 1978. The external control of organizations: A resource dependence perspective [M]. New York: Harper and Row.

PILLING B K, NAVEEN D, HENSON S, 1999. Accounting for the impact of territory characteristics on sales performance: Relative efficiency as a measure of salesperson performance [J]. The journal of personal selling & sales management, 19 (2): 35–45.

PODSAKOFF P M, MACKENZIE S B, LEE J Y, et al., 2003. Common method biases in behavioral research: A critical review of the literature and recommended remedies. Journal of applied psychology, 88 (5): 879–903.

PORTES A, 1998. Social capital: Its origins and applications in modern sociology [M]. Annual review of sociology, 24: 1-24.

PREACHER K J, HAYES A F, 2008. Asymptotic and resampling strategies for assessing and comparing indirect effects in multiple mediator models [J]. Behavior research methods, 40 (3): 879-891.

PRICE L L, ARNOULD E J, 1999. Commercial friendships: Service provider-client relationships in social context [J]. Journal of marketing, 63 (4): 38-56.

PULLINS E B, FINE L M, WARREN W L, 1996. Identifying peer mentors in the sales force: An exploratory investigation of willingness and ability [J]. Journal of the academy of marketing science, 24 (2): 125-136.

PUTNAM R D, 1993. Making democracy work: Civic traditions in modern Italy [M]. Princeton: Princeton University Press.

PUTNAM R D, 1995. Bowling alone: America's declining social capitalJ]. Journal of democracy, 6 (1): 65-78.

RANGARAJANA D, CHONKOB L B, JONES E, et al., 2004. Organisational Variables, Sales Force Perceptions of Readiness for Change, Learning, and Performance Among Boundary-Spanning Teams: A Conceptual Framework and Propositions For Research [J]. Industrial marketing management, 33 (4): 289-305.

RAY G, BARNEY J B, MUHANNA W A, 2004. Capabilities, business processes, and competitive advantage: Choosing the dependent variable in empirical tests of the resource-based view [J]. Strategic management journal, 25: 23-37.

REAGANS R, MCEVILY B, 2008. Contradictory or compatible? Reconsidering the "trade-off" between brokerage and closure on knowledge sharing, 25: 275-313.

REAGANS R E, ZUCKERMAN E W, 2001. Networks, diversity, and performance: the social capital of corporate R&D units [J]. Organization Science, 12 (4): 502-517.

REAGANS R E, ZUCKERMAN E W, MCEVILY B, 2004. How to make the team: Social networks versus demography as criteria for designing effective teams [J]. Administrative science quartly, 49 (1): 101-133.

REDDING S G, WONG G, 1986. The psychology of Chinese organizational behaviour [M] // BOND M H. The psychology of the Chinese people. London: Oxford University Press: 267-295.

RINGLE C M, WENDE S, WILL S, 2005. SmartPLS 2. 0 M3 Beta [EB/OL] http://www.smartpls.de.

ROBISON L J, SCHMID A A, SILES M E, 2002. Is social capital really capital? [J]. Review of social economy, 60: 1-21.

RODAN S, GALUNIC C, 2004. More than network structure: How knowledge heterogeneity influences managerial performance and innovativeness [J]. Strategic management journal, 25 (6): 541-562.

ROGER P M, REID P C, KENNETH A, et al., 2000. Cognitive style as an antecedent to adaptiveness, customer orientation and self-perceived selling performance [J]. Journal of business and psychology, 2 (15): 179-197.

RÖNKKÖ M, EVERMANN J, 2013. A critical examination of common beliefs about partial least squares path modeling [J]. Organizational research methods, 16 (3): 425-448.

SALANCIK G R, PFEFFER J, 1978. A social information processing approach to job attitudes and task design [J]. Administrative science quarterly, 23 (3): 224-253.

SANDEFUR R L, LAUMANN E O, 1998. A paradigm for social capital [J]. Rationality and society, 10 (4): 481-501.

SCHNEIDER H, 1995. Personality and industrial organizational psychology

［M］// COOPER C L, ROBERTSON I T. International review of industrial and organizational psychology, Chichester: Wiley.

SEIBERT S E, KRAIMER M L, LIDEN R C, 2001. A social capital theory of career success ［J］. Academy management of journal, 44 (2): 219-237.

SHAW M E, 1964. Communication networks ［M］// BERKOWITZ L. Advances in experimental social psychology. New York: Academic Press: 111-147.

SIN Y M, TSE C B, YAU H. M, et al., 2002. The effect of relationship marketing orientation on business performance in a service-oriented ［J］. The journal of services marketing, 16 (7): 656-676.

SMART A, 1993. Gifts, bribes, and guanxi: A reconsideration of Bourdieu's social capital ［J］. Cultural anthropology, 8: 388-408.

SPARROWE R T, LIDEN R C, WAYNE S J, et al., 2001. Social networks and the performance of individuals and groups ［J］. Academy of management journal, 44 (2): 316-325.

SPIRO R L, BARTON A W, 1990. Adaptive Selling: Conceptualization, Measurement and Nomological Validity ［J］. Journal of marketing research, 27 (February): 61-69.

STANDIFIRD S, MARSHALL R, 2000. The transaction cost advantage of guanxi-based business practices ［J］. Journal of world business, 35 (1): 21-42.

STANKO M A, BONNER J M, CALANTONE R J, 2007. Building commitment in buyer-seller relationships: A tie strength perspective ［J］. Industrial marketing management, 36 (8): 1094-1103.

STEWARD M D, WALKER B A, HUTT M D, et al., 2010. The coordination strategies of high-performing salespeople: Internal working relationships that drive success. Journal of the academy of marketing science, 38 (5): 550-

566.

SUJAN H, WEITZ B A, KUMAR N, 1994. Learning Orientation, working smart, and effective selling [J]. The journal of marketing, 58 (3): 39-52.

TICHY N M, TUSHMAN M L, FOMBRUN C, 1979. Social network analysis for organizations [J]. Academy of management review, 4 (4): 507-520.

TIWANA A, 2008. Do bridging ties complement strong ties? An empirical examination of alliance ambidexterity [J]. Strategic management journal, 29 (3): 251-272.

TSAI W P, GHOSHAL S, 1998. Social capital and value creation: The role of intrafirm networks [J]. The academy of management journal, 4 (4): 464-476.

TSAI W P, 2001. Knowledge transfer in intraorganizational networks: Effects of network position and absorptive capacity on business unit innovation and performance [J]. Academy of management journal, 44 (5): 996-1004.

TSUI A S, 2008. Writing and reviewing of management research paper [M] // CHEN X P, TSUI A S, FARH J L. Empirical methods in organization and management research. Beijing: Beijing University Press: 411-425.

ÜSTÜNER T, IACOBUCCI D, 2012. Does intraorganizational network embeddedness improve salespeople's effectiveness? A task contingency perspective [J]. The journal of personal selling & sales management, 32 (2): 187-205.

UZZI B, 1997. Social structure and competition in interfirm networks: The paradox of embeddedness [J]. Administration science quarterly, 42 (1): 37-69.

UZZI B, 1999. Embeddedness in the making of financial capital: How social relations and networks benefit firms seeking financing [J]. American sociological review, 64 (4): 481-505.

VINCHUR A J, SCHIPMANN J S, SWITZER F S, 1998. Meta-analytic review of predictors of job performance for salespeople [J]. Journal of applied psychology, 83 (4): 586-597.

VIRKKUNEN J, KUUTTI K, 2000. Understanding organizational learning by focusing on activity system [J]. Accting management & information technology, 10: 291-319.

WASSERMAN S, FAUST K, 1994. Social network analysis: Methods and applications [M]. London: Cambridge University Press.

WEITZ B A, BRADFORD K D, 1999. Personal selling and sales management: a relationship marketing perspective [J]. Academy of management journal, 27 (2): 241-254.

WELLMAN B S, BERKOWITZ S D, 1988. Social structures: a network approach [M]. London: Cambridge University Press.

WETZELS M, ODEKERKEN-SCHRÖDER G, VAN OPPEN C, 2009. Using PLS path modeling for assessing hierarchical construct models: Guidelines and empirical illustration [J]. MIS Quarterly, 33 (1): 177-195.

WILLIAMS M, ATTAWAY J S, 1996. Exploring salesperson's customer orientation as mediator of organizational culture's influence on buyer-seller relationships [J]. Journal of personal selling and sales management, XVI (Fall): 33-52.

XIAO Z, TSUI A S, 2007. When brokers may not work: The cultural contingency of social capital in Chinese high-tech firms [J]. Administrative science quarterly, 52 (1): 1-31.

YOON S J, CHOI D C, PARK J W, 2007. Service orientation: Its impact on business performance in the medical service industry [J]. The service industries journal, 27 (4): 371-388.

附录

附录一：研究问卷

保险营销员社会网络与销售绩效研究问卷

尊敬的保险营销员们：

您好！

我们正在开展"保险营销员社会网络对销售绩效影响"的调研活动。通过这次调研，我们希望您能够深入了解自己的社会网络和朋友圈子，以及他们带来的社会资源，以此大幅度提高大家的销售绩效。

同时，我们希望探寻优秀保险营销员的个体社会网络特点和相关影响因素，从而诊断、分析、预测您的销售潜力和销售绩效，实施更为有效的销售管理措施。

对于您参与我们的调查研究，我们首先表示衷心感谢！您的支持与及时、客观的反馈对此项研究的顺利进行意义重大。

同时，我们郑重承诺：您提供的任何信息"绝对保密"，您所填写的信息仅会用于科学研究用途。

恳请您仔细阅读以下每个问题，按您个人的感受选择答案。答案无"对""错"之分，您的真实感受就是最好的答案。

西南财经大学工商管理学院

2013 年 3 月

正式问卷

1. 在工作中，您需要和很多人接触。除了公司同事，他们可能包括您的顾客、家人、亲戚、朋友或同学。这些人组成了您的组织外社会网络。请您回顾过去六个月与您经常讨论您工作方面问题的，或者您在<u>工作</u>上遇到问题时会咨询或求助的<u>公司外</u>的顾客、家人或朋友，并列举五位以上的姓名。当然，您可以只列出他们的姓氏或简称来指代他们。请将名字填写在表 1 中，请参考图 1 所示。

2. 请您根据您在第一题中所列出的姓名，在表 1 中填写他们之间彼此的熟悉程度。相应的熟悉程度为：1 = 完全不认识；2 = 不熟悉；3 = 一般；4 = 比较熟悉；5 = 非常熟悉。

填写说明：填写表格方式如图 1 所示，请在横竖交叉的空格内填入数字。若小王与赵总比较熟悉，则在表格第二行第二列填写 4，若小王与老张不熟悉，则在第四行第二列填写 2，以此类推）。

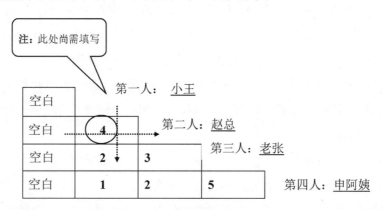

图 1　填写示意图

注：此处仅为例子，请将您的答案填写到表 1 中。

表1　组织外社会网络调查表

1＝完全不认识；2＝不熟悉；3＝一般；4＝比较熟悉；5＝非常熟悉

空白	第一人：_____

空白　　第二人：_____

空白　　　第三人：_____

空白　　　　第四人：_____

空白　　　　　第五人：_____

空白　　　　　　第六人：_____

空白　　　　　　　第七人：_____

空白　　　　　　　　第八人：_____

空白　　　　　　　　　第九人：_____

空白　　　　　　　　　　第十人：_____

注：第一题与第二题答案在此填写。

3. 请将上题中的姓名依次填入表2中，并选择以下陈述中的代表数字，说明您与他们之间的关系强度。为了方便您填写，您可以将姓名再次填入姓名行的表格内，以方便对照。

表2　连带强度调查表

姓名	第一人	第二人	第三人	第四人	第五人	第六人	第七人	第八人	第九人	第十人
你们认识多久了？ （1＝小于1年；2＝1~3年；3＝4~7年；4＝8~12年；5＝大于12年）										
你们多久交流一次？ （1＝每三个月；2＝每两个月；3＝每月；4＝每周；5＝每天）										

153

表2（续）

姓名	第一人	第二人	第三人	第四人	第五人	第六人	第七人	第八人	第九人	第十人
您和他/她的关系有多亲密？ (1=非常不亲密；2=不太亲密； 3=一般；4=较亲密；5=非常亲密)										
你们交流过程中出现的任何问题都由双方共同解决，绝不会只有一方承担责任。 (1=非常不同意；2=有些不同意； 3=不能确定；4=有些同意；5=非常同意)										
你们双方都承诺会一直保持良好的关系，互相帮助，互惠互利。 (1=非常不同意；2=有些不同意；3=不能确定；4=有些同意；5=非常同意)										

4. 以下陈述有关您所拥有的社会资源（见表3）。请根据您的情况对以下描述进行打分。

说明：以下陈述中所指的"社会网络"是您和您经常接触的家人、亲戚、朋友、同学、同事和客户所组成的像网络一样范围广泛的朋友圈子。

表3　资源优势调查表

情况	完全不符合	有些不符合	不能确定	有些符合	非常符合
(1) 我的社会网络提供了很多有价值的客户信息和销售信息	1	2	3	4	5
(2) 我的客户信息和销售信息很多都来自我的社会网络	1	2	3	4	5
(3) 我的社会网络对我的销售工作具有独特的价值	1	2	3	4	5
(4) 我对大多数事情都很自信，很多时候都能够主动地与别人交流	1	2	3	4	5
(5) 我可以很容易地与别人交朋友，并保持朋友关系	1	2	3	4	5

表3（续）

情况	完全 不符合	有些 不符合	不能 确定	有些 符合	非常 符合
（6）在和好几个人交谈时，我不能很好地引导谈话的方向	1	2	3	4	5
（7）我可以很容易地和我觉得有吸引力的人保持密切的关系	1	2	3	4	5
（8）当别人采访我时，我可以很容易地引导他们讨论我希望讨论的问题，回避我不希望讨论的问题	1	2	3	4	5
（9）当我需要帮助来完成自己的任务时，我很难能说动别人来帮助我	1	2	3	4	5
（10）我总是可以计划和别人见面	1	2	3	4	5
（11）我一般很难向别人解释清楚我的想法	1	2	3	4	5
（12）我尝试着解决矛盾和争论，但经常使事情变得更糟	1	2	3	4	5
（13）我可以很容易地在小组讨论中发挥重要的作用	1	2	3	4	5
（14）我喜欢和人们交谈	1	2	3	4	5
（15）我非常友善	1	2	3	4	5
（16）我尝试着和客户建立私人关系	1	2	3	4	5
（17）我能够让客户感到愉快	1	2	3	4	5
（18）我用一般对待顾客的方式来对待我的客户，不会把客户当成具有特别要求和希望的朋友	1	2	3	4	5
（19）客户都非常喜欢我	1	2	3	4	5

5. 以下陈述有关您的销售绩效（见表4）。请根据您的工作完成情况对以下描述进行打分。

表4　销售绩效调查表

情况	完全 不符合	有些 不符合	不能 确定	有些 符合	非常 符合
（1）我为公司在特定销售区域取得了非常高的市场份额	1	2	3	4	5
（2）我在销售公司保险产品时取得了最高的利润	1	2	3	4	5
（3）我得到了大笔的保险销售额	1	2	3	4	5

表4(续)

情况	完全 不符合	有些 不符合	不能 确定	有些 符合	非常 符合
(4) 我可以很快地销售公司的新保险产品	1	2	3	4	5
(5) 我这一年内完成并超过了所在销售区域的销售目标	1	2	3	4	5
(6) 我在负责的销售区域内可以找出大客户	1	2	3	4	5
(7) 我得到了具有长期价值的大笔保险销售额或一连串保险销售合同	1	2	3	4	5
(8) 我能够协助上司完成他/她的工作	1	2	3	4	5
(9) 我能够和顾客保持良好的关系	1	2	3	4	5
(10) 我能够为顾客和公司同事提供准确的信息	1	2	3	4	5
(11) 我能够上交准确、完整的报告	1	2	3	4	5
(12) 我能够有效地控制销售支出、管理销售时间	1	2	3	4	5
(13) 我能够了解顾客的需求，以及我和竞争对手所销售的保险产品	1	2	3	4	5

6. 最后，请您填写您的个人背景资料。请选择相应数字。

您从事保险销售的时间：
① <1 年　　②1~3 年　　③ 4~7 年　　④ 8~12 年　　⑤ >12 年
您的受教育程度：
① 初中及以下　② 高中　　③ 专科　　④本科　　⑤研究生及以上
您的收入方式：
① ≤底薪 1 000 元+提成　　　　　　② ≤底薪 1 500+元提成
③ ≤底薪 2 000 元+提成　　　　　　④ ≤底薪 2 500+元提成
⑤ ≤底薪 3 000 元+提成
您的年龄：
①<24 岁　② 24~34 岁　③ 35~44 岁　④ 45~54 岁　⑤>54 岁
您的性别：
①男　　　　②女
您的姓名：＿＿＿＿＿＿＿＿＿

问卷到此结束。

对于您的参与，我们全体成员向您表示衷心的感谢！

附录二：量表各变量分布统计表

表 1　量表各变量分布统计表

	变量编码	最小值	最大值	均值	标准差	偏态系数	峰度系数
网络规模	SIZE	4.00	10.00	7.18	2.15	0.309	−1.571
连带强度	TS1	1.00	5.00	2.87	0.91	0.005	−0.445
	TS2	1.00	5.00	3.02	0.91	−0.203	−0.722
	TS3	1.00	5.00	3.70	0.74	−0.964	1.412
	TS4	1.67	5.00	3.83	0.83	−0.442	−0.304
	TS5	1.00	5.00	4.13	0.83	−1.117	1.335
中介中心性	CEN	0.00	0.71	0.28	0.15	−0.147	−0.638
信息优势	IFO1	1.00	5.00	3.59	1.02	−0.589	−0.207
	IFO2	1.00	5.00	3.69	1.13	−0.691	−0.217
	IFO3	1.00	5.00	3.61	0.97	−0.434	−0.239
影响优势	IFU1	1.00	5.00	3.86	0.95	−0.768	−0.087
	IFU2	1.00	5.00	4.04	0.90	−0.978	0.813
	IFU3	1.00	5.00	3.03	1.01	0.037	−0.749
	IFU4	1.00	5.00	3.86	0.88	−0.692	0.396
	IFU5	1.00	5.00	3.41	0.84	−0.348	0.049
	IFU6	1.00	5.00	3.46	1.00	−0.476	−0.375
	IFU7	1.00	5.00	3.62	0.91	−0.269	−0.501
	IFU8	1.00	5.00	3.72	1.04	−0.567	−0.502
	IFU9	1.00	5.00	3.87	0.96	−0.602	−0.226
	IFU10	1.00	5.00	3.39	0.86	−0.428	0.316

	变量编码	最小值	最大值	均值	标准差	偏态系数	峰度系数
友谊优势	SOLI1	1.00	5.00	4.10	0.94	−1.236	1.516
	SOLI2	1.00	5.00	4.59	0.68	−2.120	5.928
	SOLI3	2.00	5.00	4.17	0.78	−0.911	0.810
	SOLI4	2.00	5.00	4.07	0.77	−0.397	−0.460
	SOLI5	1.00	5.00	3.20	1.20	−0.090	−1.109
	SOLI6	1.00	5.00	3.85	0.78	−0.401	0.284
行为绩效	BEP1	1.00	5.00	3.90	0.83	−0.635	0.366
	BEP2	1.00	5.00	4.18	0.76	−0.969	1.591
	BEP3	1.00	5.00	3.99	0.78	−0.770	1.001
	BEP4	1.00	5.00	3.81	0.86	−0.529	0.291
	BEP5	1.00	5.00	3.49	0.91	−0.378	−0.043
	BEP6	1.00	5.00	3.57	0.93	−0.504	0.185
结果绩效	OUP1	1.00	5.00	2.60	0.98	0.343	−0.043
	OUP2	1.00	5.00	2.67	1.05	0.260	0.138
	OUP3	1.00	5.00	2.59	1.02	0.138	−0.608
	OUP4	1.00	5.00	3.11	1.02	−0.111	−0.449
	OUP5	1.00	5.00	2.56	0.97	−0.079	−0.512
	OUP6	1.00	5.00	2.99	1.02	−0.183	−0.372
	OUP7	1.00	5.00	2.77	1.02	0.103	−0.435
性别	Gender	1.00	2.00	1.74	0.43	0.817	−1.100
年龄	Age	1.00	4.00	1.73	0.74	0.280	−0.749
教育水平	Educatio	2.00	5.00	3.41	0.61	−0.318	−0.323
工作年限	Tenure	1.00	4.00	1.54	0.79	1.423	1.316
工资结构	Salary	1.00	5.00	3.11	1.46	−0.254	−1.300

附录三：控制变量结构模型结果

表1 控制变量结构模型结果

路径	路径系数	t 值
年龄→行为绩效	−0.06	0.87
年龄→结构绩效	0.02	0.26
性别→行为绩效	0.05	0.83
性别→结构绩效	−0.03	0.47
教育程度→行为绩效	−0.01	0.24
教育程度→结构绩效	−0.01	0.24
工作年限→行为绩效	0.03	0.53
工作年限→结果绩效	0.16	2.07
工资结构→行为绩效	0.14*	2.11
工资结构→结果绩效	0.18***	2.73

注：* 表示 $p<0.05$；*** p 表示 <0.001。

附录四　简单中介和多重中介模型结果（包含引导方法 95%置信区间和偏差矫正 95%置信区间数据）

表 1　简单中介路径检验结果

简单中介路径	点估计	积差相关系数		引导方法					
				95%置信区间		偏差矫正 95% 置信区间		偏差矫正与增进 95%置信区间	
		标准误	Z 值	上限	下限	上限	下限	上限	下限
网络规模→ 信息优势→ 行为绩效	0.017 5	0.008 9	0.438 4	0.001 8	0.036 9	0.000 2	0.106 3	0.000 4	0.036 2
网络规模→ 信息优势→ 结果绩效	0.015 0	0.008 5	0.374 6	0.000 1	0.033 8	0.001 7	0.366	0.001 9	0.036 6

160

表2 多重中介模型结果（连带强度、资源优势和行为绩效）

多重中介路径	积差相关系数			95%置信区间		引导方法			
						偏差矫正95%置信区间		偏差矫正与增进95%置信区间	
	点估计	标准误	Z值	上限	下限	上限	下限	上限	下限
间接效应									
信息优势	0.040 5	0.023 3	1.952 2	0.004 0	0.097 6	0.006 1	0.106 3	0.006 1	0.106 3
影响优势	0.111 3	0.039 6	3.293 3	0.045 8	0.201 0	0.051 5	0.216 5	0.048 9	0.214 2
友谊优势	0.121 8	0.040 6	3.312 0	0.045 2	0.205 4	0.051 2	0.212 0	0.053 1	0.215 7
总计	0.273 7	0.056 2	5.526 6	0.176 4	0.413 6	0.176 4	0.413 6	0.178 0	0.415 0
分组对比									
信息 vs. 影响	-0.070 8	0.044 0	-1.747 6	-0.166 7	0.009 0	-0.179 5	0.000 8	-0.171 4	0.006 4
信息 vs. 友谊	-0.081 2	0.045 2	-1.858 3	-0.168 2	0.008 6	-0.165 9	0.010 5	-0.165 9	0.010 5
影响 vs. 友谊	0.010 5	0.064 3	-0.197 6	-0.123 5	0.129 1	-0.130 1	0.126 6	-0.128 9	0.128 6

注：样本量194；5 000次引导结果。

161

表3 多重中介模型结果（连带强度、资源优势和结果绩效）

多重中介路径	积差相关系数			引导方法					
	点估计	标准误	Z值	95%置信区间		偏差矫正 95%置信区间		偏差矫正与增进 95%置信区间	
				上限	下限	上限	下限	上限	下限
间接效应									
信息优势	0.038 3	0.030 8	1.542 8	-0.016 1	0.106 1	-0.011 6	0.114 5	-0.012 8	0.110 4
影响优势	0.174 1	0.061 0	3.719 5	0.079 9	0.318 1	0.082 8	0.326 4	0.078 9	0.318 1
友谊优势	0.018 3	0.039 0	0.458 1	-0.061 1	0.093 5	-0.065 1	0.090 2	-0.065 1	0.090 2
总计	0.230 7	0.058 8	4.300 6	0.128 9	0.364 8	0.127 0	0.363 8	0.122 2	0.359 3
分组对比									
信息 vs. 影响	-0.135 8	0.072 0	-2.506 4	-0.306 1	-0.017 0	-0.310 5	-0.019 5	-0.298 1	-0.012 0
信息 vs. 友谊	0.020 0	0.050 6	0.388 5	-0.073 1	0.125 7	-0.071 1	0.137 2	-0.071 0	0.137 6
影响 vs. 友谊	-0.155 8	0.085 8	2.250 9	-0.347 5	-0.017 1	-0.352 5	-0.017 7	-0.343 2	-0.013 3

注：样本量194；5 000 次引导结果。

162

表4 多重中介模型结果（中介中心性、资源优势和行为绩效）

多重中介路径	点估计	积差相关系数		95%置信区间		引导方法			
						偏差矫正95%置信区间		偏差矫正与增进95%置信区间	
		标准误	Z值	上限	下限	上限	下限	上限	下限
间接效应									
信息优势	-0.008 4	0.074 1	0.274 8	-0.161 9	0.147 0	-0.151 4	0.155 6	-0.149 7	0.156 7
影响优势	-0.022 0	0.131 3	0.487 3	-0.291 0	0.230 2	-0.279 1	0.247 2	-0.279 1	0.251 5
总计	-0.030 4	0.172 7	0.532 8	-0.375 7	0.309 9	-0.375 7	0.313 2	-0.375 7	0.313 2
分组对比									
信息 vs. 影响	0.013 6	0.044 0	0.348 3	-0.238 6	0.261 8	-0.252 8	0.243 6	-0.254 7	0.239 4

注：样本量194；5 000次引导结果。

163

表 5 多重中介模型结果（中介中心性、资源优势和结果绩效）

多重中介路径	积差相关系数			95%置信区间		引导方法			
	点估计	标准误	Z值			偏差矫正 95%置信区间		偏差矫正与增进 95%置信区间	
				上限	下限	上限	下限	上限	下限
间接效应									
信息优势	-0.005 6	0.052 6	0.283 6	-0.122 2	0.095 5	-0.147 8	0.078 4	-0.147 3	0.078 9
影响优势	-0.024 4	0.153 2	0.468 3	-0.318 7	0.300 9	-0.324 5	0.300 9	-0.318 7	0.301 7
总计	-0.030 0	0.178 2	0.573 8	-0.365 9	0.338 1	-0.379 2	0.330 8	-0.379 2	0.331 5
分组对比									
信息 vs. 影响	0.018 8	0.143 9	0.384 7	-0.285 7	0.303 1	-0.273 2	0.317 3	-0.276 8	0.315 0

注：样本量 194；5 000 次引导结果。

后记

　　王国维先生认为治学必经过三种境界："昨夜西风凋碧树，独上高楼，望尽天涯路"，此为第一境也。"衣带渐宽终不悔，为伊消得人憔悴"，此为第二境也。"众里寻他千百度，蓦然回首，那人却在，灯火阑珊处"，此为第三境也。简言之，治学需立志、努力、收获。

　　我与社会网络研究结缘于博士入学时。在与导师和同门例行每两周一次的学术讨论会上，我第一次了解到了社会网络理论与社会网络分析法。我对这种新的社会学研究范式，以及其在市场营销研究领域中的前景产生了浓厚的兴趣。因此，怀着"经世济民"的一腔热忱，我对社会网络理论与销售绩效展开了"孜孜以求"的研究。

　　我的研究始于 2012 年。由于我对社会网络理论有着浓厚的兴趣，我聚焦相关文献，期望在书本中找到理想的研究选题。但很快，这样的思路被否定了。市场营销研究属于社会科学，其选题应该来源于企业所面临的现实问题，其价值应该在于如何帮助企业着力解决问题。"纸上得来终觉浅，绝知此事要躬行。"我放下书本，走进企业，与一线销售人员聊天、谈心，了解他们的问题，讨论他们的需求。这些宝贵的一手资料帮助我重新拟定研究选题。这就是本研究的主题：组织外社会网络与销售人员绩效。

　　确定好了研究主题，接下来就要进行研究设计。虽然我对社会网络分析法有着浓厚的兴趣，但这种受到物理学场理论和数学图式理论影响的、兼容并蓄的研究方法对我来说的确是一个挑战。对于社会网络分析法，研究者不仅要知其意，还要悟其理、守其则、践其行。从学习理论要义、确定研究方法，到收集一手数据、掌握数据分析工具，这一路，我花费了大量时间和精力，却也有幸收获了诸多来自导师、同门、企业界朋友的指导和建议。终于，本研究内容全部完成，并有幸在西南财经大学出版社出版。相关研究成果也发表在国内外知名学术期刊上。历经立志、努力，我品尝到了些许收获的喜悦。

文行至此，本研究的撰写和修改临近尾声。借此机会，向恩师、同门、良友、亲朋一一表示诚挚的感谢。

首先，我想感谢我的导师李永强教授。在我想要改弦易辙，转战营销学时，李老师接纳我成为他的博士生；在我研究遇到瓶颈，一筹莫展之时，李老师为我列举书目，提供学习方向；在我面对挫折和打击彷徨无措时，李老师在旁加油打气，给予支持。在李老师的悉心指导下，我的学业取得进展，我的性格逐渐坚毅。感谢恩师带领我走进市场营销学的神圣殿堂，感谢恩师多年来对我无微不至的关心和帮助！我将以恩师为楷模，学习他的为人治学，力求精进。

其次，我要感谢工商管理学院市场营销研究所的张剑渝教授、付晓蓉教授、谢庆红教授、唐小飞教授在研究选题、研究设计等方面对我的指导和帮助。

再次，我还要感谢我的同窗刘果博士、黄姚博士、王聪博士，我的师兄妹李瑞强博士、杨建华博士、史亚莉博士、李剑南博士、徐乙尹博士、杨宇科博士、朱佳博士、陈晨博士、易文博士、汪娟硕士、罗佳博士。数年来，我和他们一道，在通博楼的学习室、在QQ和微信群里，学习讨论、共同提高。数年的交流，使"强门汇"成为知识的聚集地；数年的相处，也使"强门汇"成为友谊的常青树。我还要特别感谢李瑞强博士和刘果博士，他们热心帮助我联系保险公司，在企业数据收集方面给予了我极大的支持。还要特别感谢香港城市大学的白璇博士细心向我讲解数据分析的要领和步骤。感谢西南财经大学经贸外语学院的领导，以及所有关心支持我的同事和朋友，他们给我提供各种帮助与支持，使我能够顺利完成书稿。

最后，我要感谢我的父母和爱人。当我专心书稿写作时，我的父母为我提供了日常三餐；当我为工作、学习焦虑不堪时，我的爱人承担起家庭的职责，用鼓励和支持化解我的困惑与疑虑。还要感谢我的儿子，一看到他童真的笑颜，我就感到高兴，就能更加用心地投入到工作和学习中。

围于研究视野和知识水平，书中的观点和见解未必都正确，错误与不足之处在所难免，也敬请各位读者不吝赐教，批评指正。

车瑜

2021 年 6 月

于光华园